• 멘티와 매일매일 자수 1 •

나의 작업실

멘티와 매일매일 자수 1

나의 작업실

류성아 지음

작가의 말

오랜 시간 공들여 준비해온 책이 이렇게 무사히 출간되어 무척 기쁩니다.
이번 〈멘티와 매일매일 자수〉 시리즈는 책마다 하나의 주제를 정해
그에 맞는 상황과 물건, 저의 이야기 등을 자수로 선보이는 기획으로 시작됐어요.
그리고 이번 첫 책에서는 '작업'이라는 주제를 풀어보았습니다.
일할 때의 기분들, 소소한 에피소드들, 그리고 작업을 도와주는
저의 소중한 도구들을 저만의 느낌과 애정 어린 시선으로 표현했어요.
취미로 시작했던 프랑스자수가 이제 일이 되었지만,
그럼에도 저에겐 여전히 수를 놓는 시간이 가장 행복하거든요.
여러분들도 이 책을 보며 수놓는 시간 속에서
편안함과 행복을 떠올리셨으면 좋겠습니다.
그리고 여러분들의 소중한 물건에 이 도안들과 행복한 마음이
함께 새겨지길 바랄게요. 감사합니다.

류성아

Menti

차례

도안

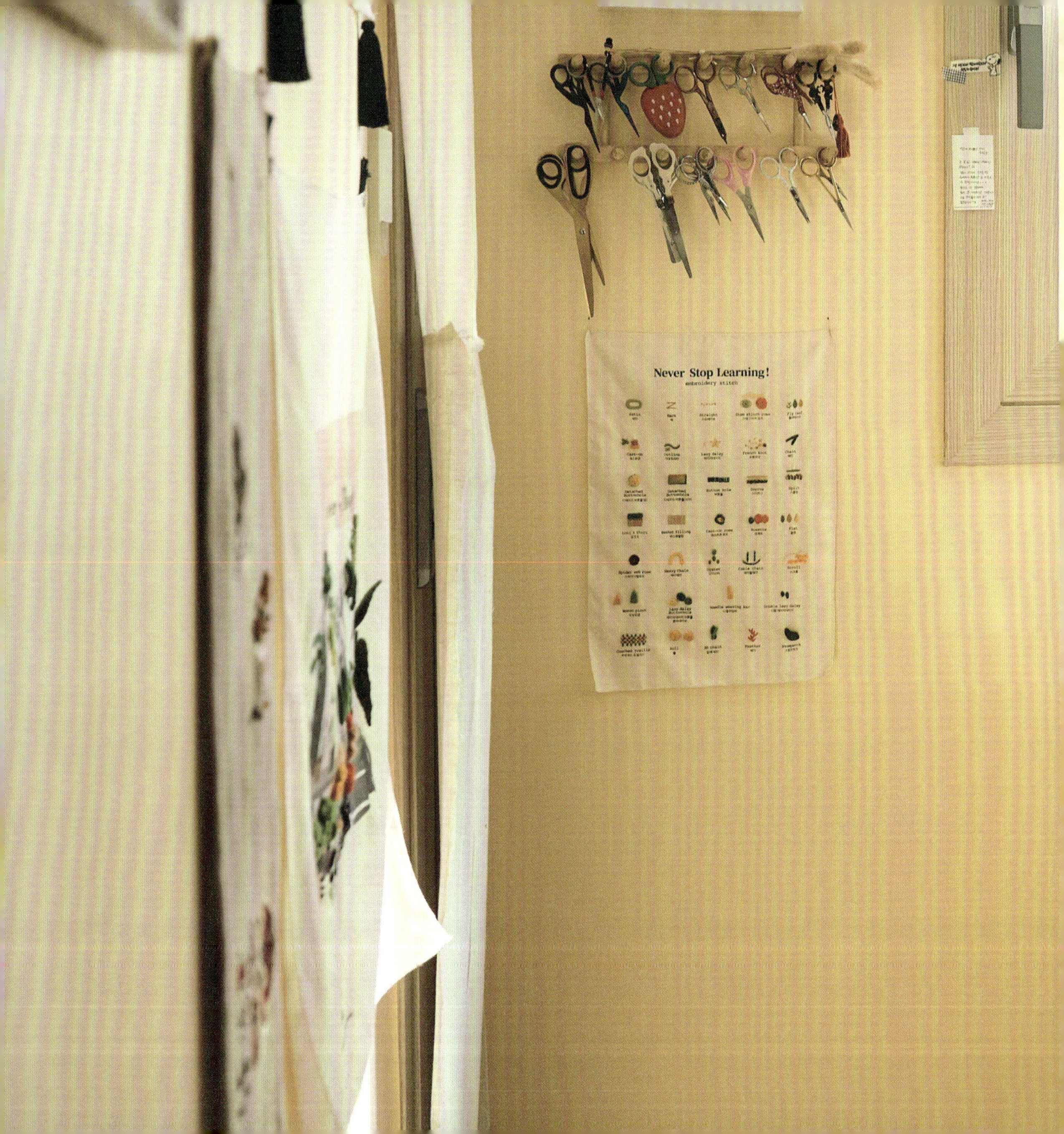
Never Stop Learning!
embroidery stitch

stanry
작은 반제품
종이 보빈
멘티자수 Tag

stanry
My heart is yours

20 m
303
20 m
302
SK BLOMSTERGARN
MADE IN
DENMARK
20 m
304
K BLOMSTERGARN
STERGARN
202
ERGARN
MADE IN
DENMARK
15
K BLOMSTERGARN

이곳저곳에 떨어져 있는
바늘을 줍느라 정신없는 너구리.
잃어버리기 쉬운 바늘이나
시침핀을 나만의 핀쿠션에 꽂아
보관해보세요.

menti

천천히 자신의 속도에 맞춰 수놓는 달팽이처럼 한 땀 한 땀 채우세요.
느릴수록, 천천히 즐길수록 작품은 더 예쁘게 완성됩니다.

그림책만큼 좋은 영감을 주는 것은 없어요.
좋아하는 책을 잔뜩 쌓아두고 한 권씩
읽다 보면 상상력이 솟아납니다.
귀여운 돼지 친구를 필통처럼 자주 쓰는
소품에 새기면 여러분의 상상력도
쑥쑥 솟아날 거예요.

리본을 보면 제일 먼저 떠오르는 단어, 발레리나.
실이 아닌 리본은 입체적인 느낌의 작품을 만들기에 좋은 재료입니다.

Thread

아기 새들이 잠들어 있는
퐁실퐁실하고 아늑한 실 둥지.
색색의 실과 수놓을 때
필요한 도구들을 채워
더 포근한 나만의 실 둥지를
마련해보세요.

오늘은 어떤 색이 제일 많이 쓰일까?
매일매일 키 재기 하는 크레용들.
브로치로 만들어 그림을 좋아하는 가족이나
지인에게 선물하는 건 어떨까요?

눈이 또랑또랑해지는 즐거운 자수 시간.
작품을 액자로 만들어 잘 보이는 곳에 두면
볼 때마다 기분이 좋아져요.

작업할 때 입는
자수 전용 앞치마.
여러분도 작품을 새긴 천을
맘에 드는 앞치마에
주머니로 달아
활용할 수 있어요.

WORK

예쁜 가위나 자수 도구들은
좋은 도안이 될 수 있어요.
버리기 아까운 상자는
작품을 새긴 천을 씌워
예쁘게 리폼해보세요.

이 책의 활용법

- ✓ 책에는 아홉 개 작품에 사용된 도안과 스티치가 모두 수록되어 있습니다.
- ✓ 처음 보는 스티치가 있다면, 59쪽의 '스티치'를 참고하세요.
- ✓ 실제 크기 도안을 이용할 때는 수용성 심지에 도안을 옮겨 사용합니다.
- ✓ 프랑스자수가 처음이라면, 93쪽의 '준비'부터 차근차근 시작해보세요.

도안

- 실 명칭을 따로 표기하지 않은 실 번호는 DMC사의 자수실입니다.
- 도안 설명은 '실 번호(가닥 수) 스티치명'으로 표기했습니다.

◆ 바늘귀를 찾는 곰

사용한 실

310, 434, 436, 598, 640, 905, 921, 930, 938, 3787, 3821, BLANC, E168

사용한 스티치

디태치드 버튼홀, 레이지 데이지, 백, 불리언, 새틴, 스트레이트, 스플릿, 아우트라인, 체인, 코디드 디태치드 버튼홀, 프렌치 노트, 플라이, 플랫

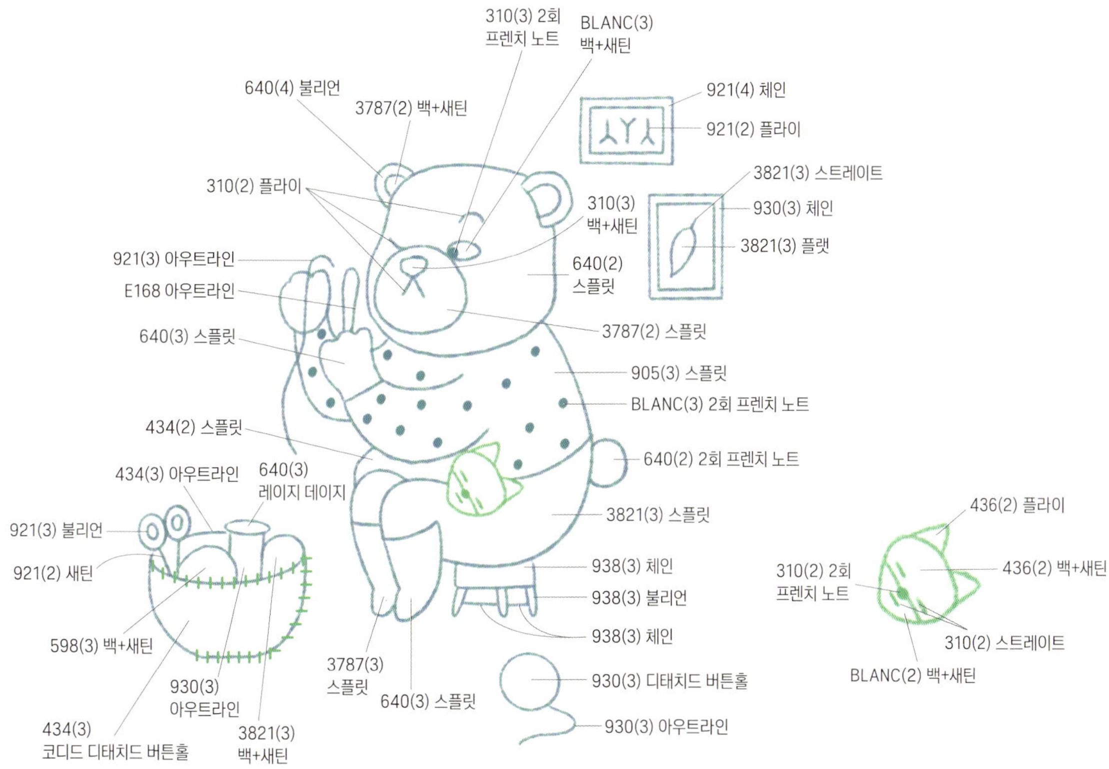

◆ 그림책 보는 돼지

사용한 실
03, 310, 505, 721, 761,
3021, 3712, 3856, BLANC

사용한 스티치
디태치드 버튼홀, 롤, 백, 버튼홀, 불리언, 새틴, 스트레이트,
스플릿, 아우트라인, 카우칭, 프렌치 노트, 플라이

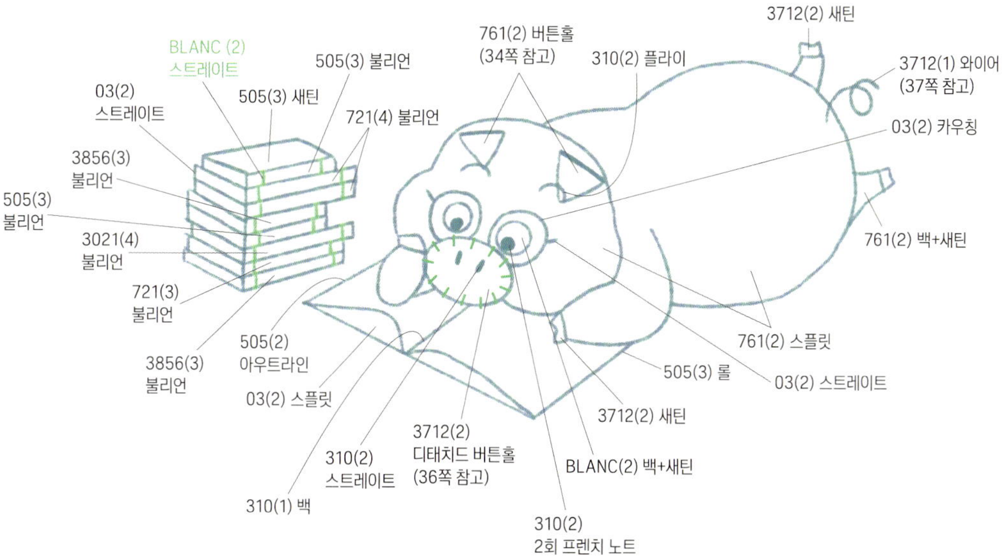

▶ 뒷장에 **귀, 주둥이, 꼬리** 상세 설명이 있습니다.

귀, 주둥이, 꼬리

귀

버튼홀 스티치 개수

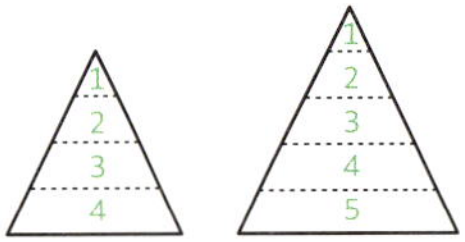

왼쪽 4단　　오른쪽 5단

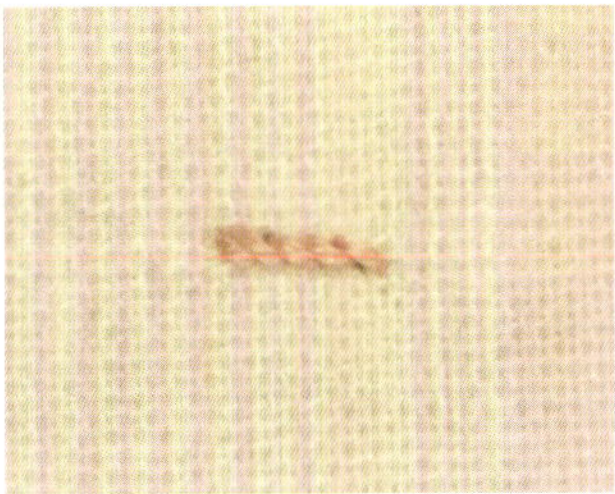

1 오른쪽 귀를 만들어볼게요. 선에 맞춰 아우트라인 스티치를 수놓아주세요.

2 시작점으로 올라와 첫 땀 아래로 바늘을 통과해 버튼홀 스티치(5개)를 수놓습니다.

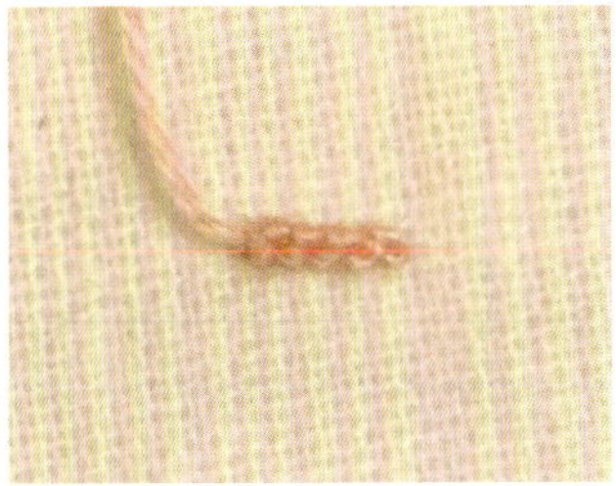

3 휘갑치기로 오른쪽에서 왼쪽으로 돌아갑니다.

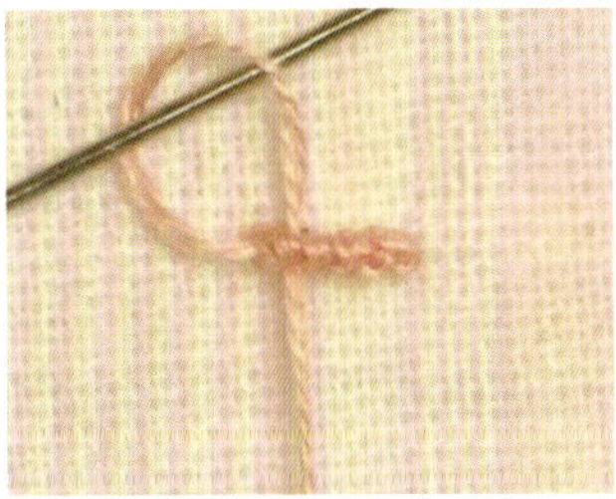

4 한 땀 안에서 들여 시작해, 4개의 버튼홀 스티치를 수놓습니다.

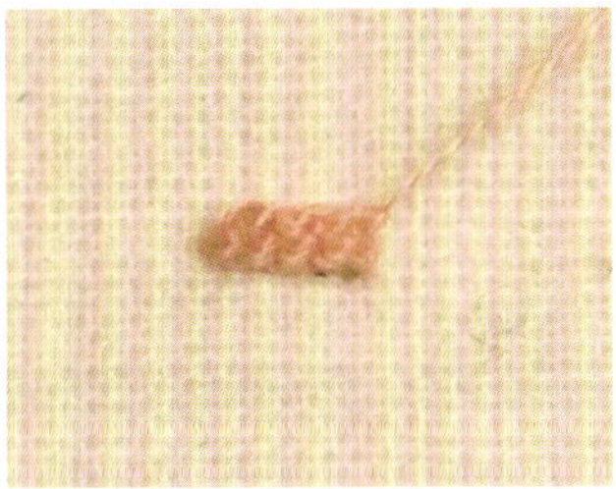

5 오른쪽 끝까지 버튼홀 스티치를 진행해주세요.

6 휘갑치기로 왼쪽으로 이동한 뒤, 3개의 버튼홀 스티치를 수놓습니다.

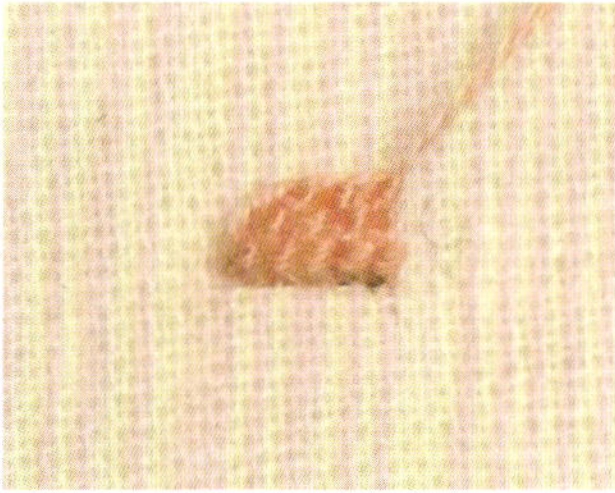

7 3단까지 쌓은 모습.

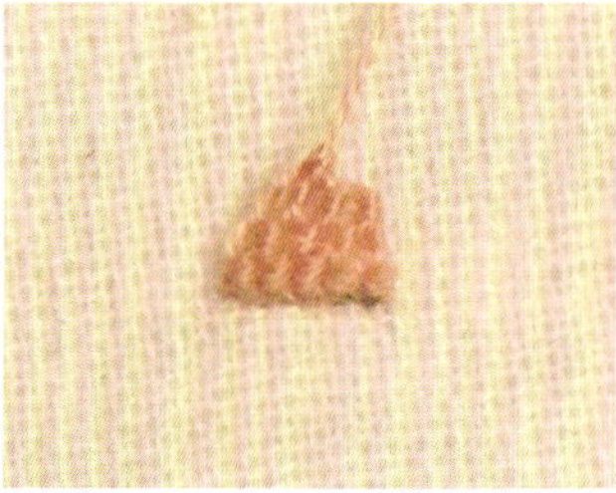

8 버튼홀 개수를 1개씩 줄이며 반복해 모양을 만들어줍니다.

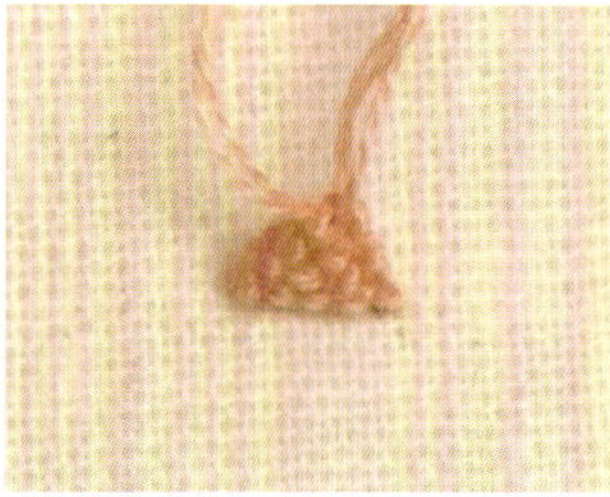

9 끝은 1개의 버튼홀 스티치를 수놓아 마무리합니다.

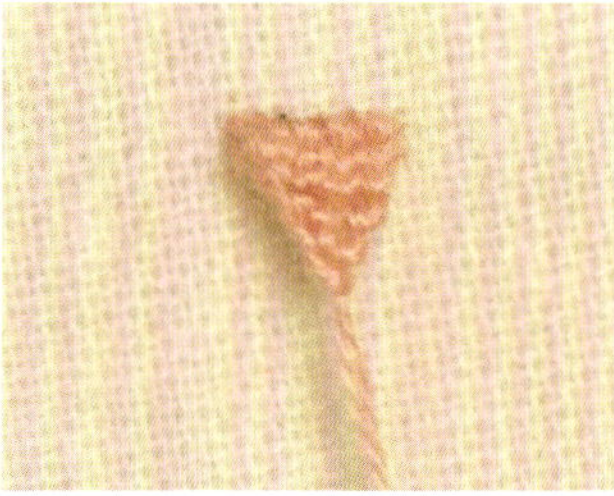

10 실을 아래로 내려주세요.

11 고정하고 싶은 위치에 바늘을 꽂아 마무리합니다.

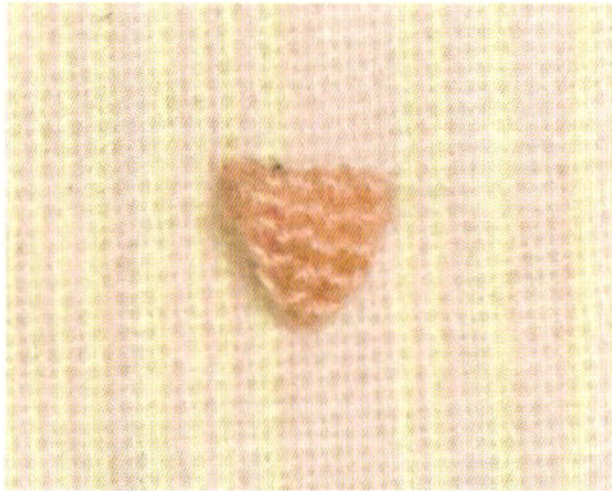

12 입체적인 돼지 귀(오른쪽) 완성! (왼쪽 귀는 4개의 버튼홀로 시작해 4단으로 만듭니다.)

주둥이

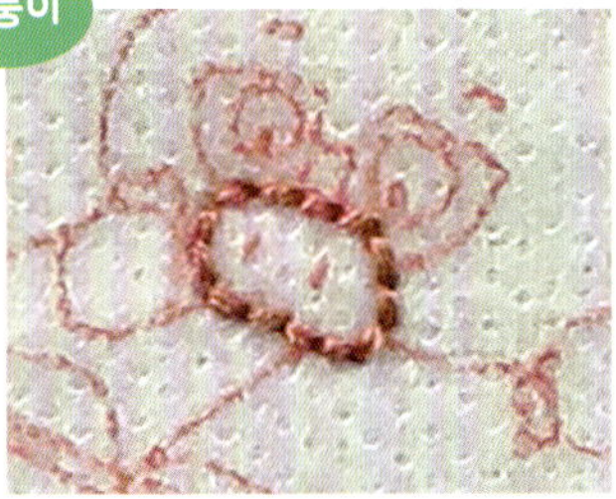

1 주둥이 테두리를 백 스티치(13개)로 수놓아 1단을 완성합니다.

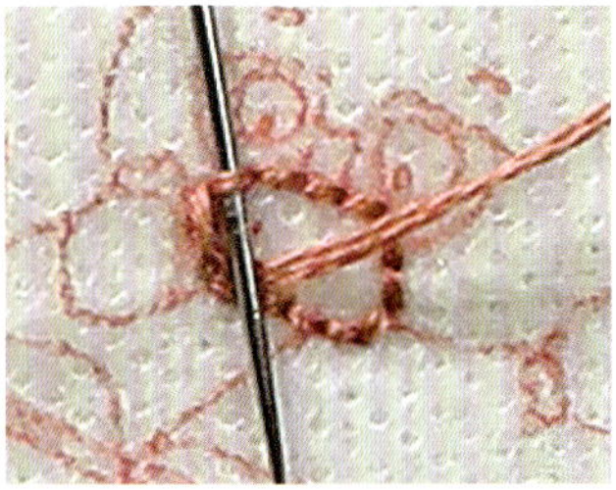

2 백 스티치 밑으로 실을 걸어 고리를 만들면서 디태치드 버튼홀 스티치를 진행합니다.

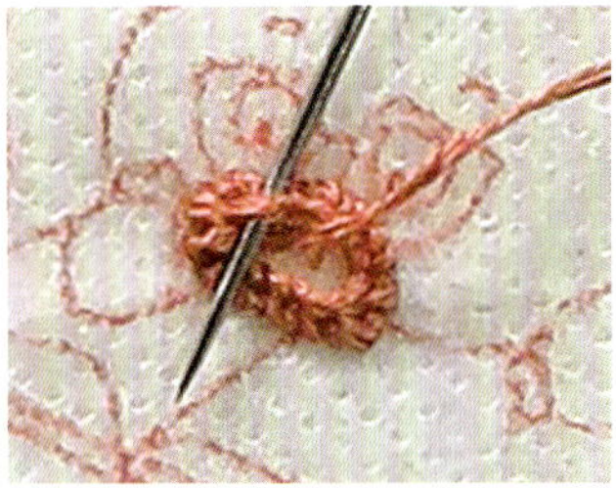

3 2단부터 코 수를 줄여가며 디태치드 버튼홀 스티치로 면적을 끝까지 채웁니다.

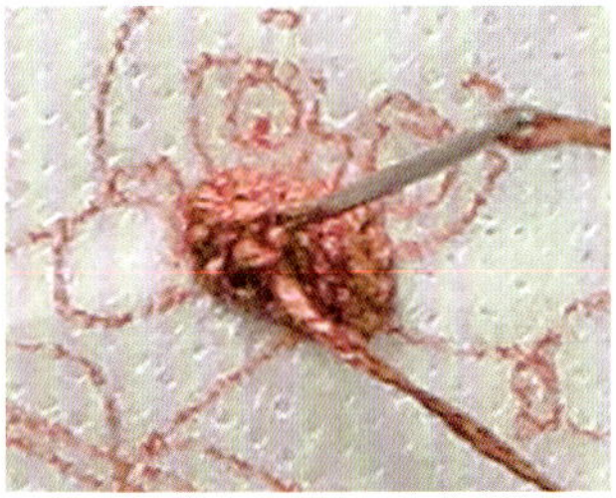

4 면적을 다 채우면, 중앙으로 들어가 마무리합니다. 크기가 작아 솜을 넣는 과정은 생략했습니다.

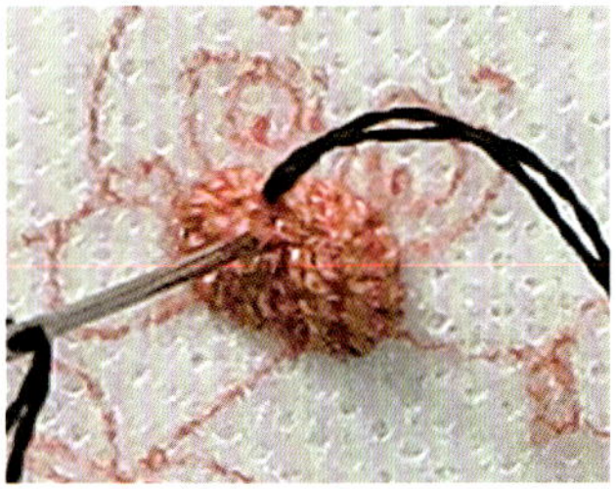

5 실을 바꿔 주둥이 중앙에 세로로 한 땀씩 걸어 콧구멍을 만들어줍니다.

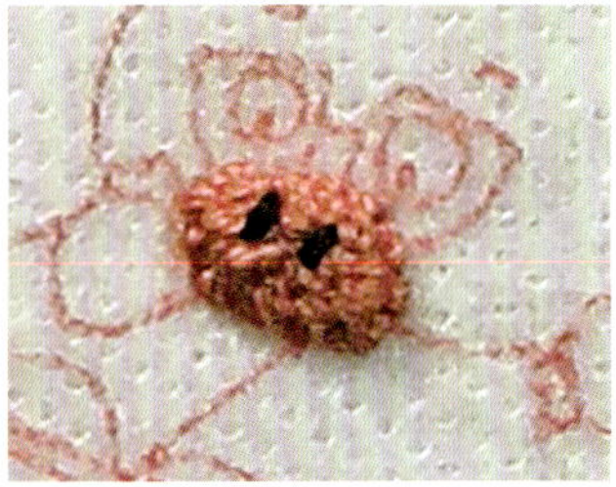

6 주둥이 완성!

꼬리

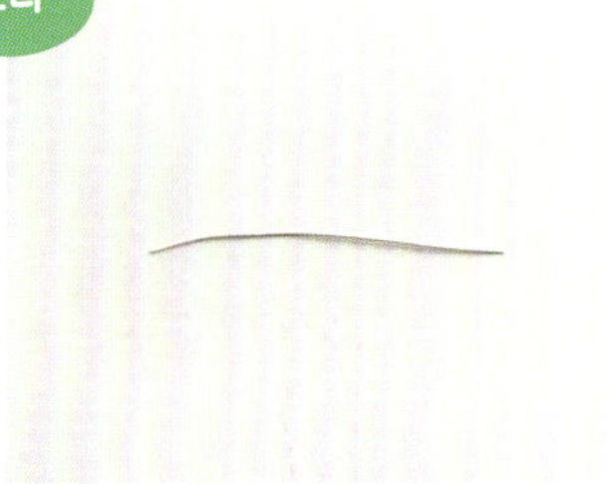

1 와이어를 약 6cm 길이로 잘라 준비해주세요.

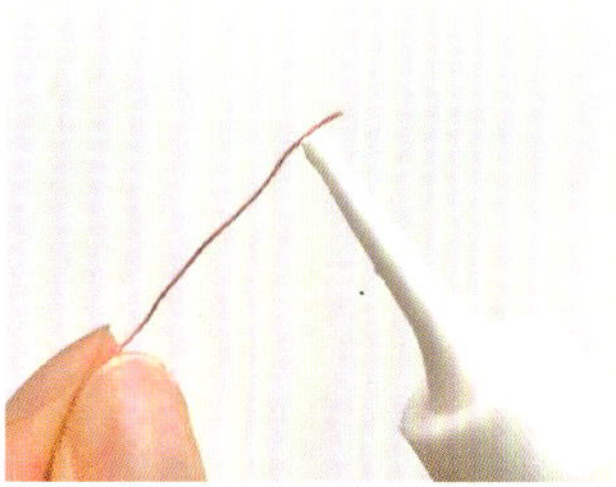

2 실 끝에 접착제를 살짝 묻힙니다.

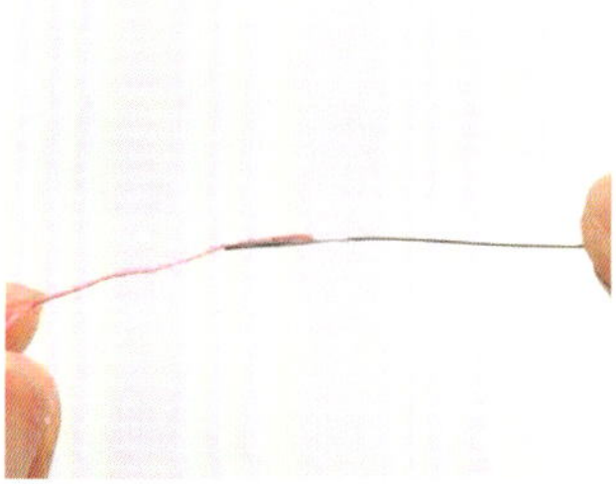

3 사진과 같이 실 끝을 와이어와 맞닿게 붙인 뒤,

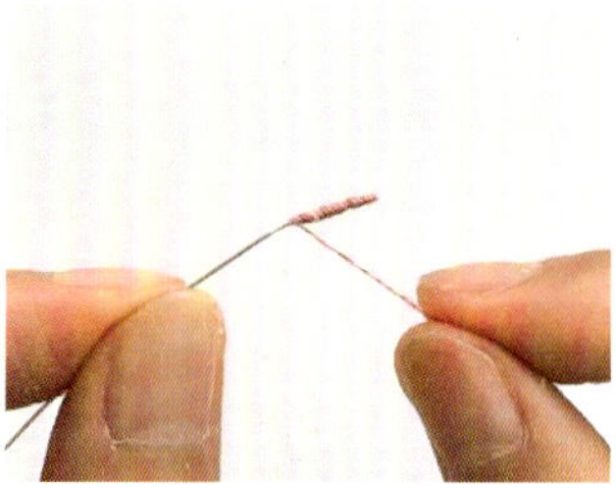

4 약 1.5cm 정도 실을 감습니다.

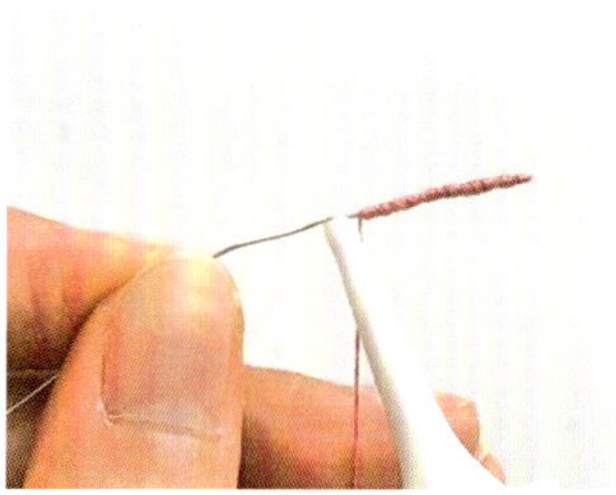

5 끝 부분에 접착제를 묻혀 휘감아 붙여줍니다.

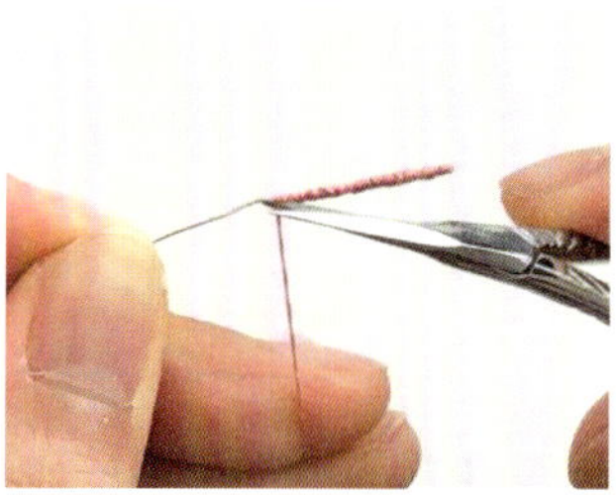

6 가깝게 실을 잘라 마무리합니다.

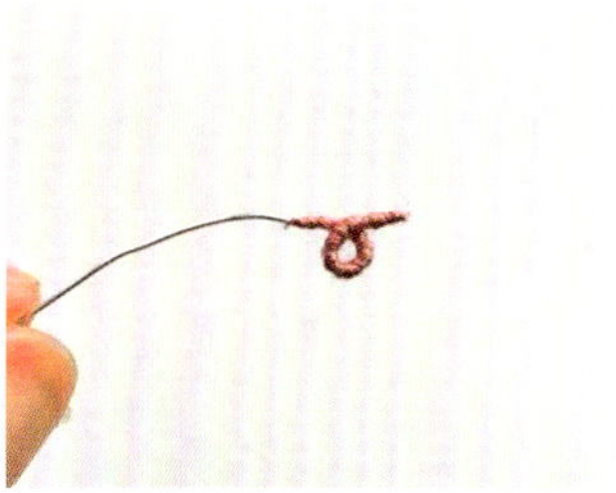

7 원하는 모양으로 구부려 꼬리 모양을 만들어줍니다.

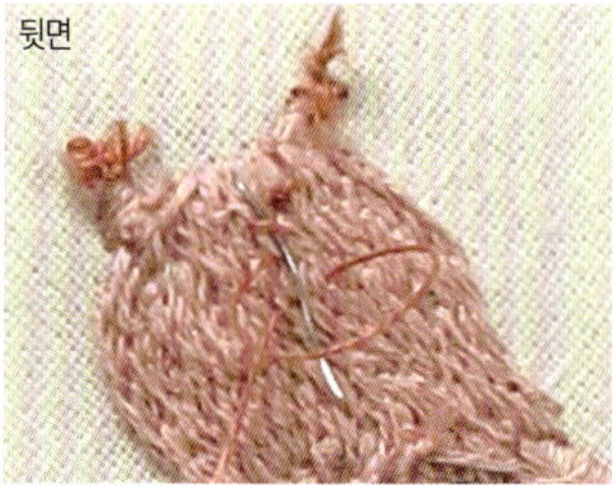

8 앞면에서 꼬리 위치에 와이어를 통과시킨 뒤 뒷면으로 나온 와이어를 접어 실 1가닥으로 휘감아 고정합니다.

9 완성된 모습.

◆ 도토리 키 재기 크레용

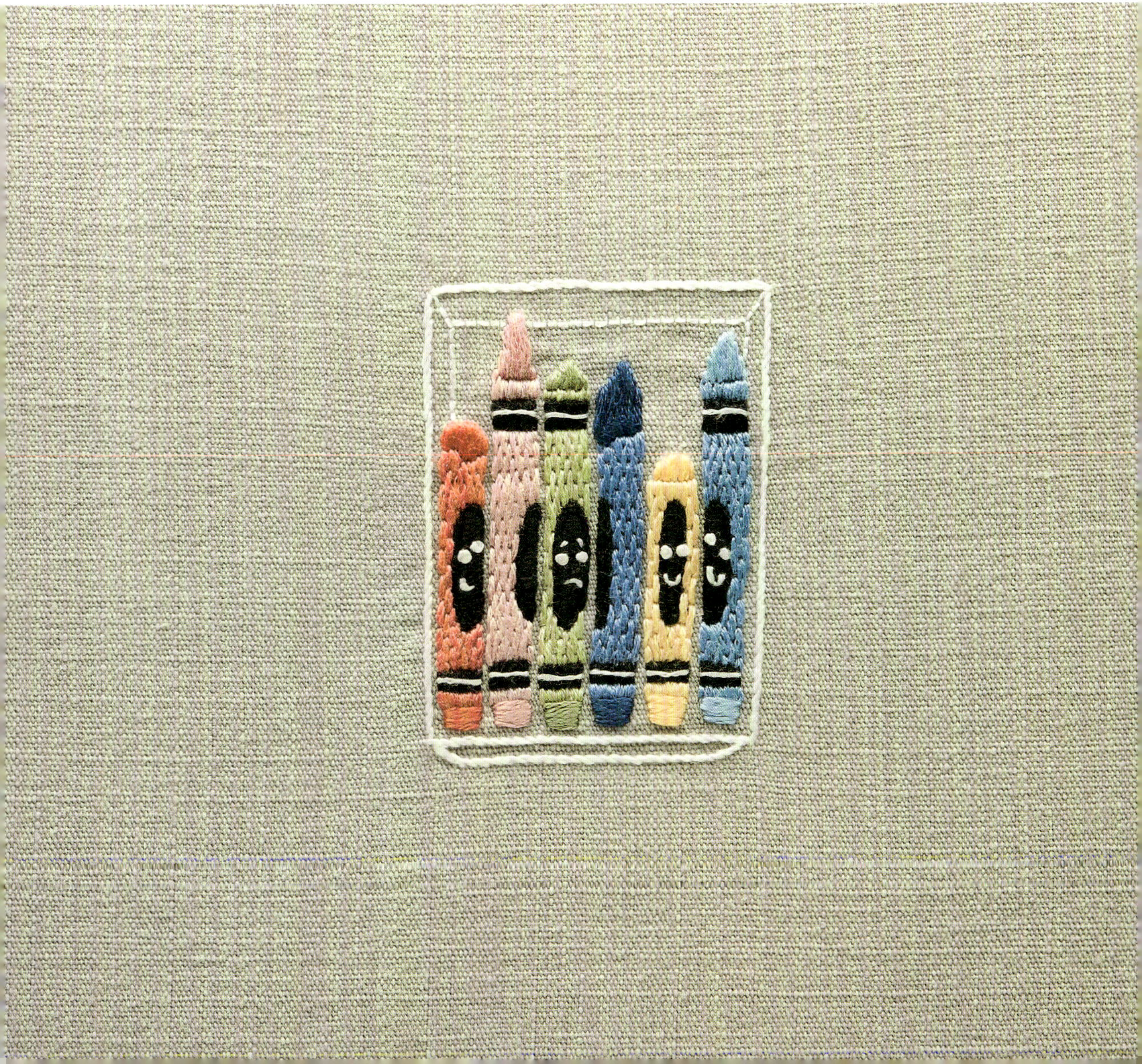

사용한 실
19, 310, 322, 334, 803, 962, 3348, 3354, 3364, 3705, 3755, 3801, 3855, BLANC

사용한 스티치
롱 앤드 쇼트, 백, 새틴, 스트레이트, 아우트라인, 프렌치 노트, 플라이

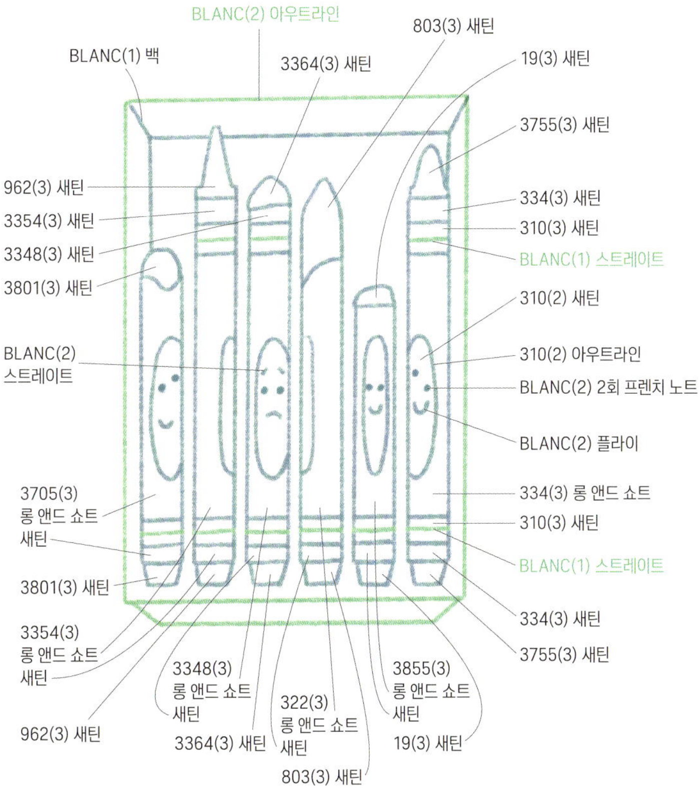

◆ 포근한 실 둥지

사용한 실

310, 336, 470, 973, 995, 996, 3363, 3799, 4075, BLANC

사용한 스티치

레이지 데이지, 롱 앤드 쇼트, 링, 백, 버튼홀, 새틴, 스트레이트, 스플릿, 아우트라인, 플라이

▶ 뒷장에 **날개** 상세 설명이 있습니다.

날개

1 천에 도안을 옮겨 그려준 뒤, 와이어를 15cm 정도 잘라 모양에 맞게 구부립니다.

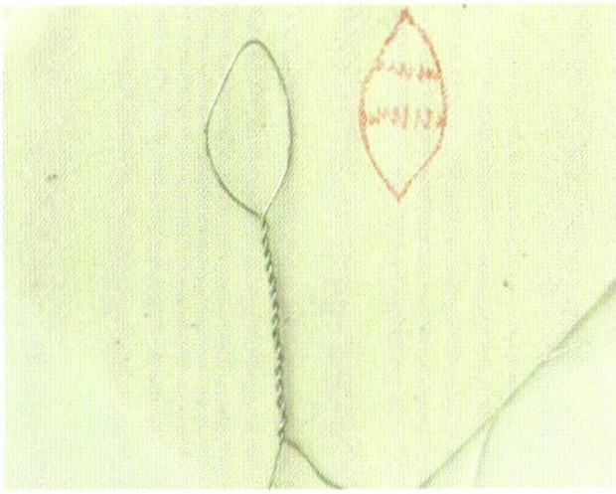

2 와이어 끝 부분을 5cm 정도 꼬아줍니다.

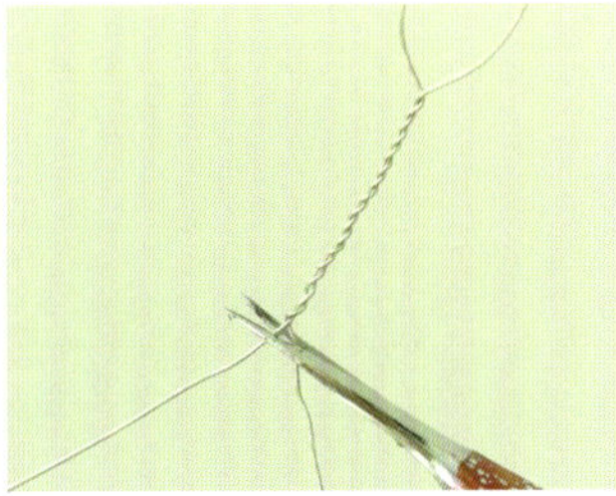

3 꼬아주고 남은 와이어를 자릅니다.

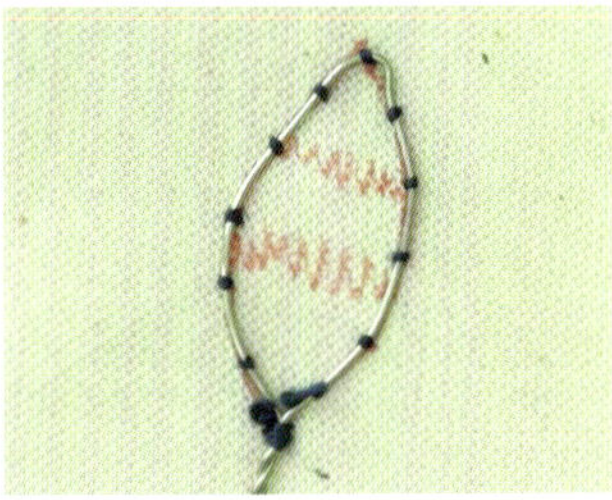

4 도안 위에 와이어를 올린 뒤 실 1가닥으로 일정한 간격에 맞춰 고정시킨 뒤 매듭을 짓습니다.

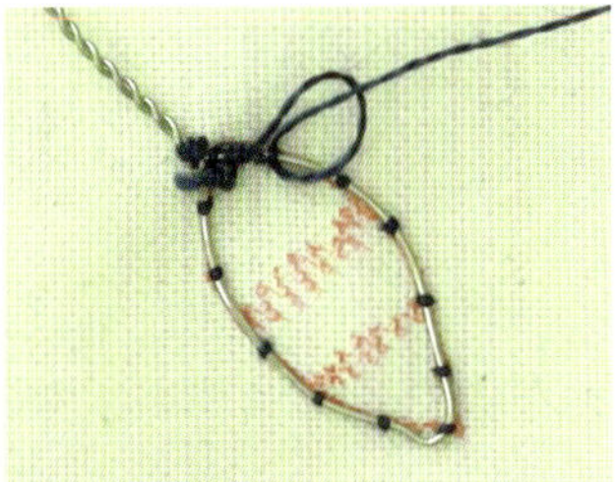

5 앞 테두리를 버튼홀 스티치로 촘촘히 수놓습니다.

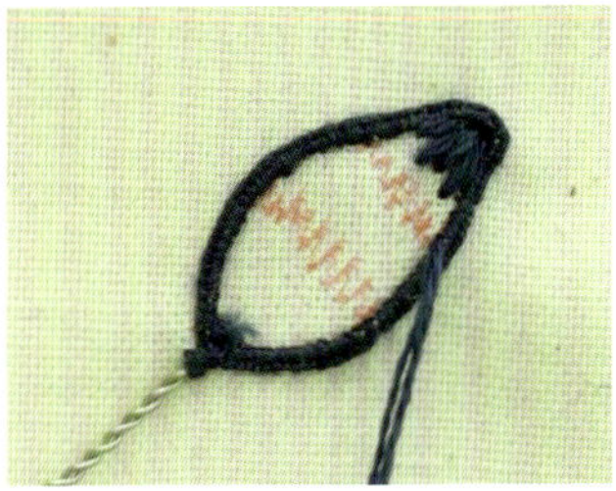

6 버튼홀 스티치로 테두리를 전부 수놓아 고정했다면, 잎의 위쪽 면적을 스플릿 스티치로 수놓아 채웁니다.

7 가운데 부분은 남기고 가장 아래쪽 면적도 스플릿 스티치로 수놓아 채웁니다.

8 남아 있던 가운데 부분은 6, 7에서 수놓았던 부분과 연결에 유의하며 스플릿 스티치로 면적을 채웁니다.

9 레이지 데이지 스티치로 아래쪽에 무늬를 수놓습니다.

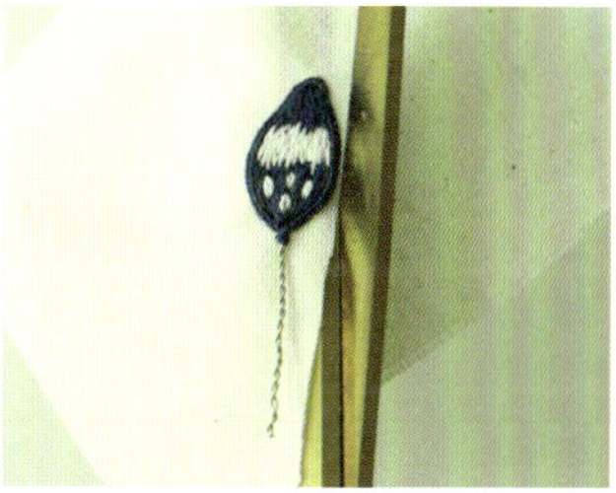

10 수놓은 부분을 조심스럽게 잘라냅니다.

11 날개 완성!

12 완성된 날개의 와이어 끝 부분을 천에서 고정할 위치에 통과시킨 뒤, 마무리합니다. (37쪽 돼지 꼬리 8번 과정 참고)

◆ 태슬이 달린 가위

사용한 실
22, 310, 646, 842, 898,
946, E168, 발다니 154

사용한 스티치
백, 불리언, 새틴, 아웃트라인,
프렌치 노트, 플라이

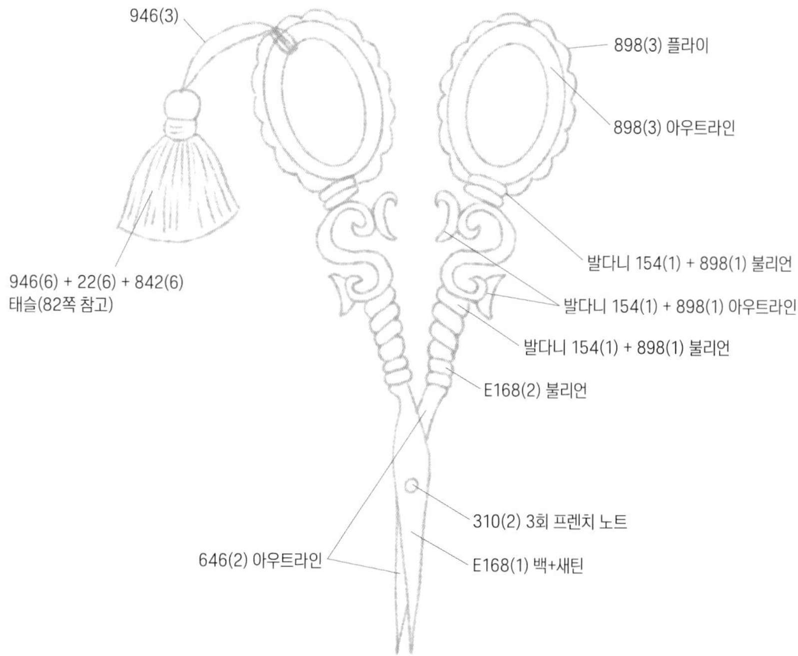

◆ 바늘 줍는 너구리

사용한 실
07, 08, 310, 422, 434, 817, 902, 3371, BLANC, E168

사용한 스티치
롱 앤드 쇼트, 새틴, 스미르나, 스트레이트, 스플릿, 아우트라인, 체인, 프렌치 노트, 플라이

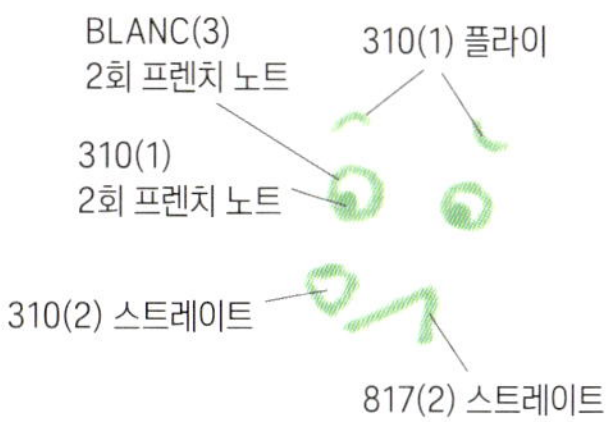

▶ 뒷장에 **얼굴** 상세 설명이 있습니다.

얼굴

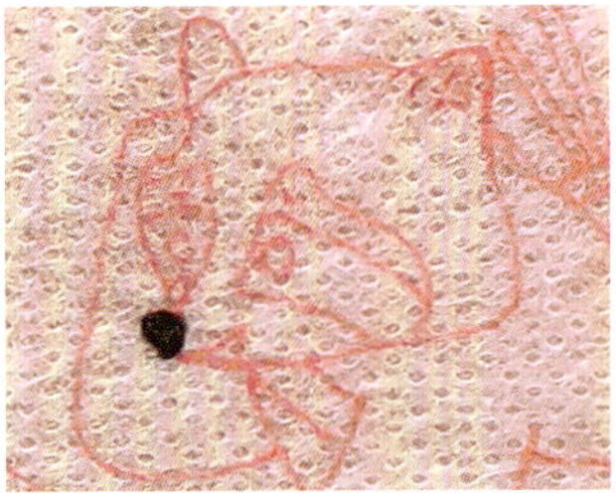

1 코 테두리를 스트레이트 스티치 3땀으로 채웁니다.

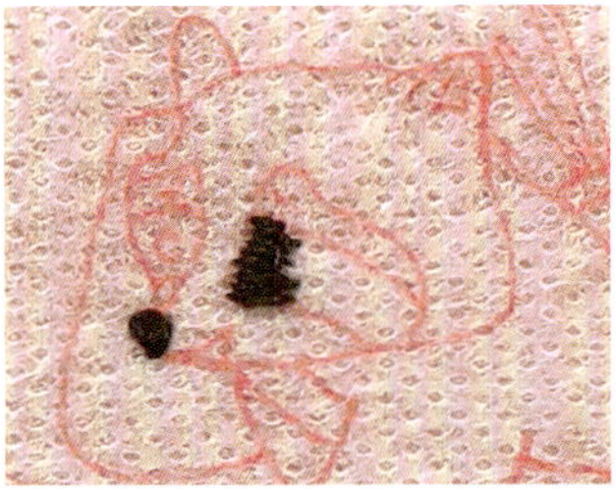

2 눈 주변 먼저 스플릿 스티치로 길이에 변화를 주며 첫번째 줄을 채웁니다.

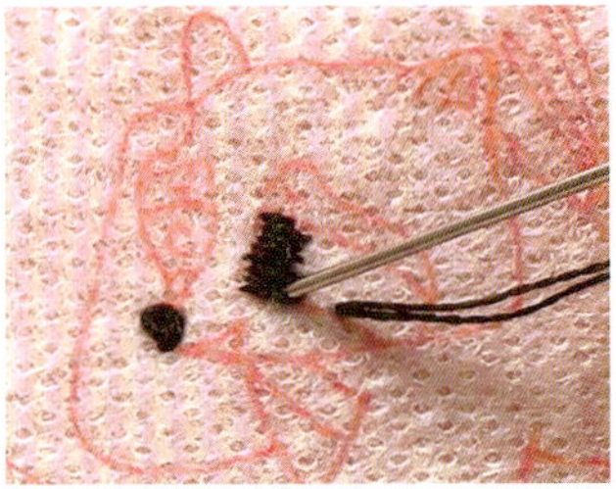

3 두번째 줄도 연결하듯 채웁니다.

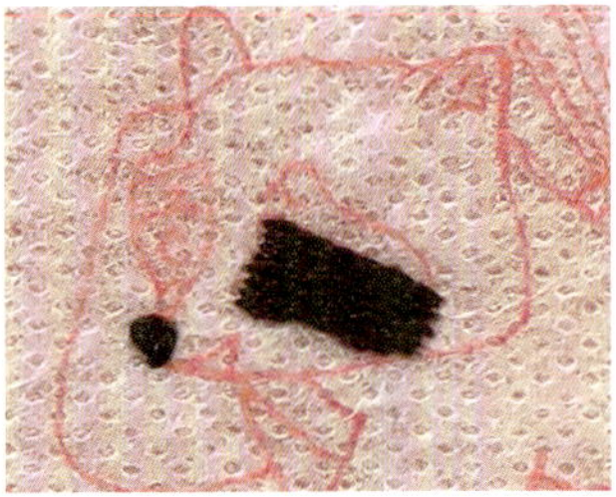

4 이어서 층층이 쌓아 올라가며 마저 채웁니다.

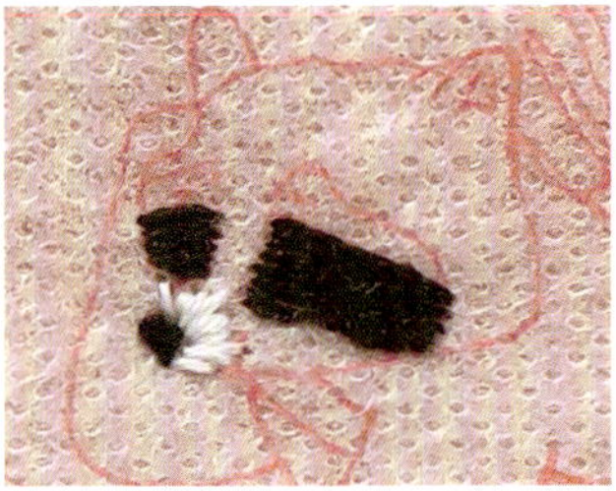

5 실을 바꿔 입 주변도 같은 방법으로 수놓습니다.

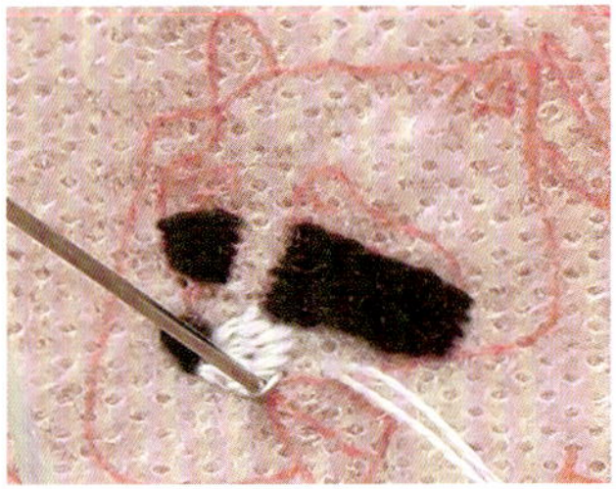

6 앞 땀에 연결하듯 이어서 채워야 합니다. 같은 방법으로 얼굴과 귀의 흰색 털 부분 나머지를 전부 스플릿 스티치로 채웁니다.

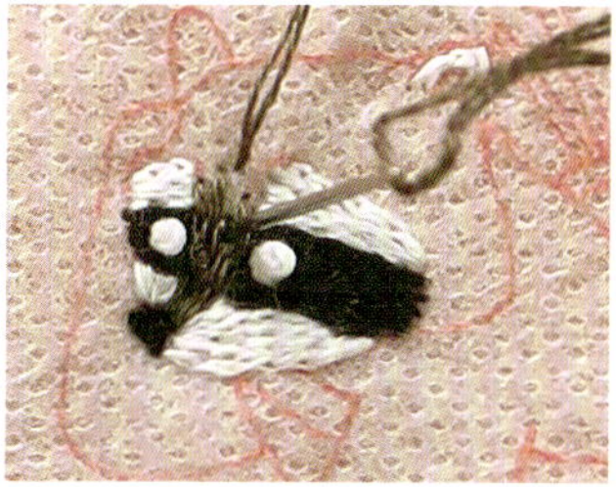

7 눈의 흰자는 (2회) 프렌치 노트 스티치로 넣어주고, 나머지 면적은 실을 바꿔 코 위쪽부터 스플릿 스티치로 수놓아 채웁니다.

8 얼굴이 채워진 모습입니다. 털의 방향을 잘 참고해보세요.

9 이어서 같은 실로 팔뚝 쪽 먼저 스플릿 스티치로 수놓습니다.

10 실 색을 바꾼 뒤, 자연스럽게 연결되도록 앞에 수놓은 땀 사이로 바늘을 넣어가며 팔뚝 한쪽을 완성합니다. 손 부분과 귀도 채워주세요.

◆ 느릿느릿 수놓는 달팽이

사용한 실
03, 310, 435, 453, 738, 817, 3777, 4024, 애플톤 304, 애플톤 305

사용한 스티치
백, 불리언, 스트레이트, 아웃라인, 체인, 트위스티드 로즈, 프렌치 노트

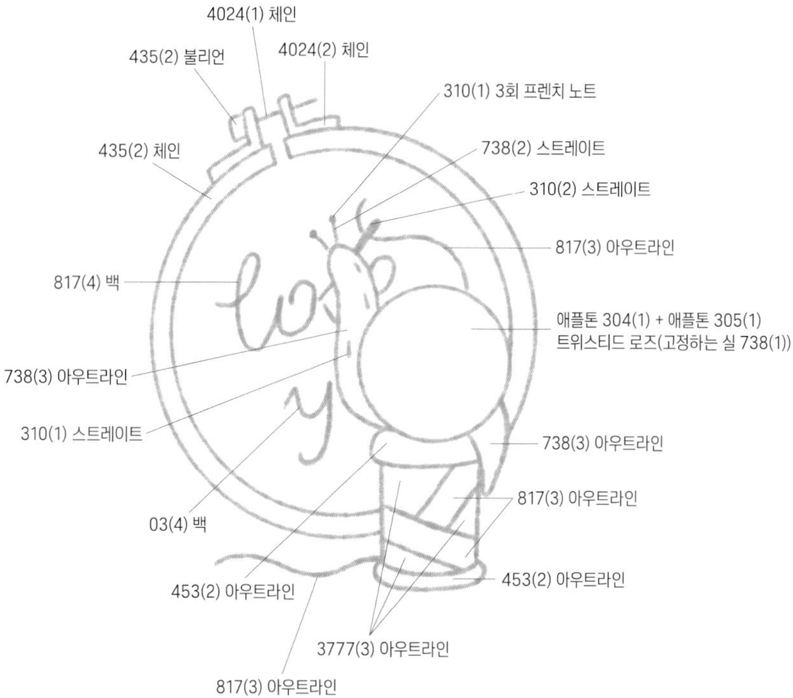

▶ 뒷장에 **달팽이 껍데기** 상세 설명이 있습니다.

달팽이 껍데기

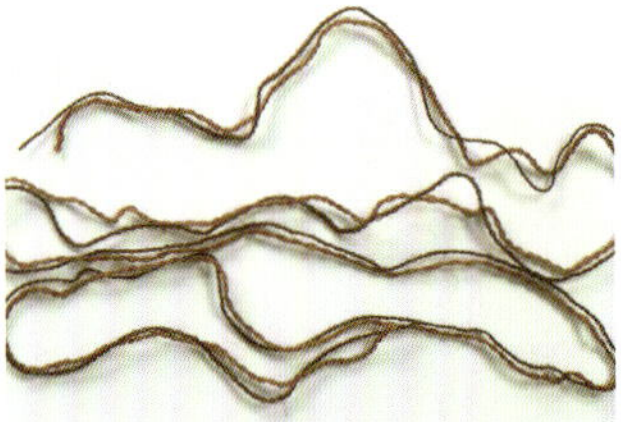

1 두 가지 색의 실을 약 50cm 길이만큼 잘라 2가닥씩 준비해 총 4가닥을 합해주세요.

2 반을 접어 끝 쪽에 매듭을 짓습니다.

3 실을 접은 부분에 손가락을 넣어 같은 방향으로 계속 꼬아줍니다.

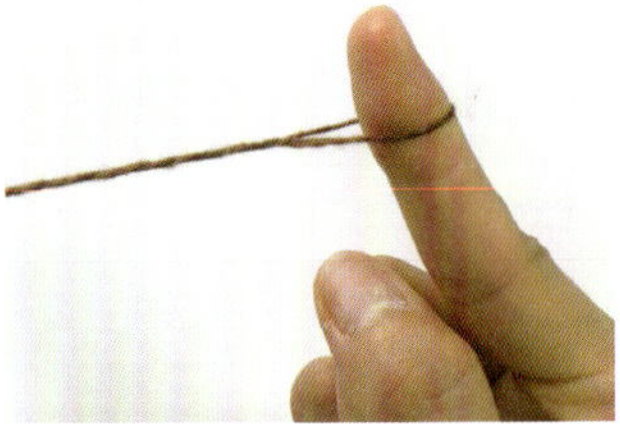

4 더 이상 감기지 않는 느낌이 들 때까지 꼬아주세요.

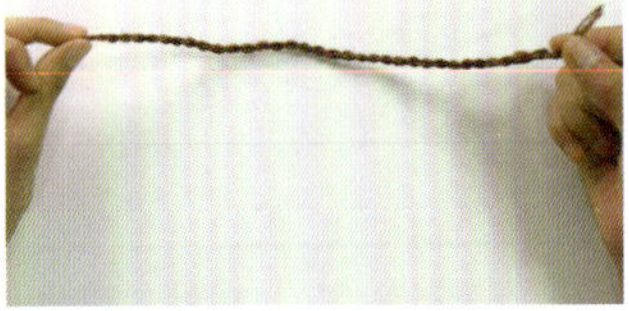

5 꼬아진 실을 다시 반을 접어 굵은 꽈배기 모양을 만든 뒤 만나는 끝 부분에 매듭을 잡습니다.

6 앞에서 지은 매듭 끝을 2mm정도 남기고 자릅니다.

7 꼬임 실 완성!

8 원 중앙에 매듭 있는 부분을 올린 뒤 실 1가닥으로 고정시킵니다.

9 매듭이 끝나는 지점 끝 부분도 한 번 더 고정시킵니다.

10 중앙부터 실을 둥글게 말아주면서 한 땀씩 고정시킵니다.

11 고정시키는 땀의 간격은 자유롭게 잡아주세요.

12 도안선에 벗어나지 않게 주의하며 크게 원을 둘러줍니다.

13 도안선을 다 채울 만큼 둘러주면, 다시 중앙으로 둥글게 올라오며 마무리합니다.

14 완성된 모습.

15 측면에서 보면 봉긋하게 올라와 있는 모습입니다.

◆ 든든한 자수 친구들

사용한 실
03, 07, 08, 310, 349, 995, 3705, 3777, 3837, 3851, 3856, BLANC

사용한 스티치
롱 앤드 쇼트, 새틴, 스트레이트, 아웃라인, 체인, 프렌치 노트, 플라이

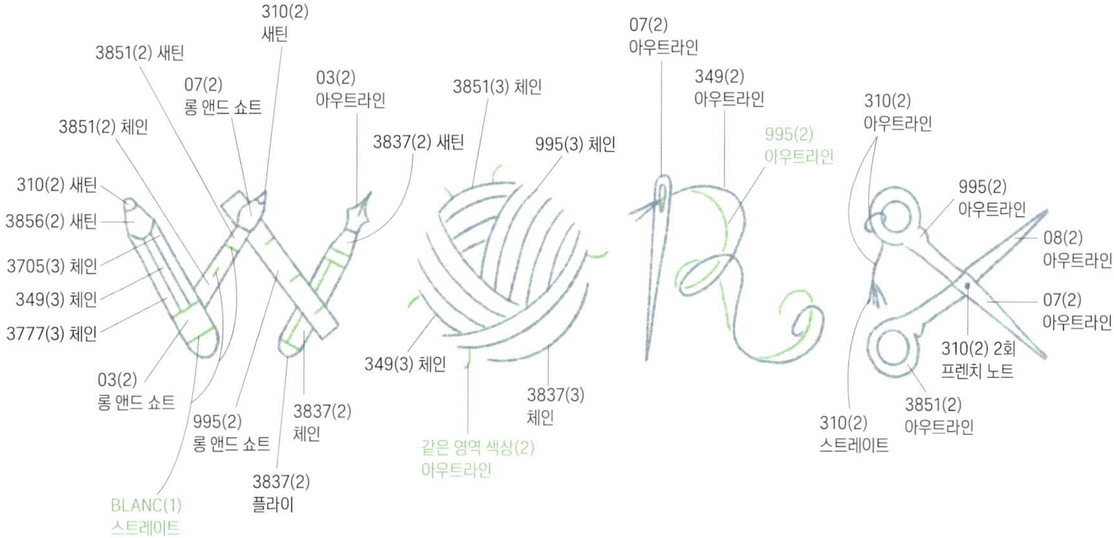

◆ 내 꿈은 발레리나

사용한 실

03, 04, 310, 818, 840, 961, 3326, 모쿠바 리본 023(3.5mm), 비즈(2mm)

사용한 스티치

레이지 데이지, 롱 앤드 쇼트, 백, 새틴, 스트레이트, 스플릿, 아웃트라인, 체인, 프렌치 노트, 플라이

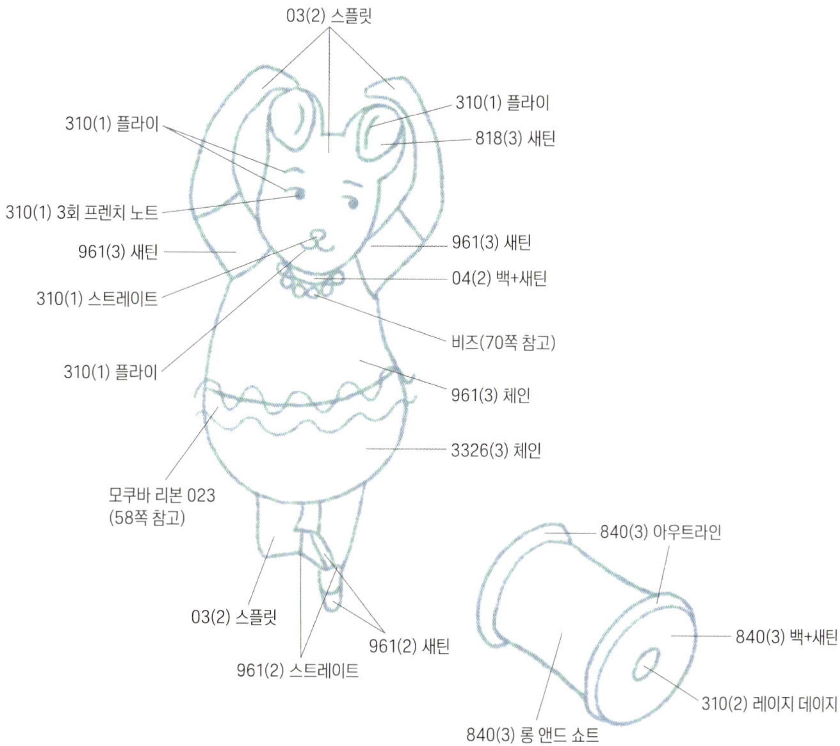

▶ 뒷장에 **발레복 치마** 상세 설명이 있습니다.

발레복 치마

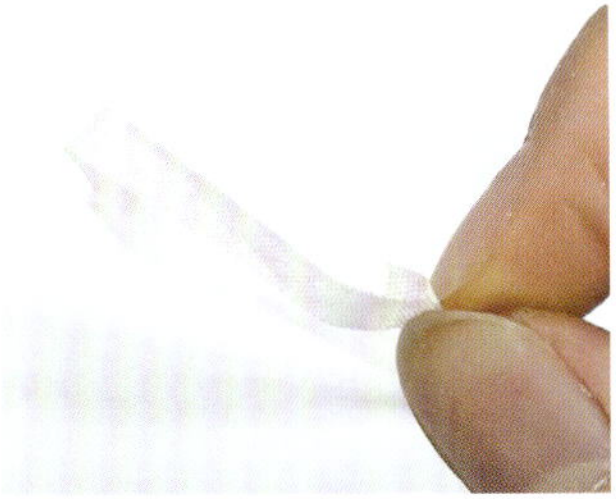

1 약 12cm 길이의 리본을 준비해 한쪽 끝을 3~4mm 정도 접어줍니다.

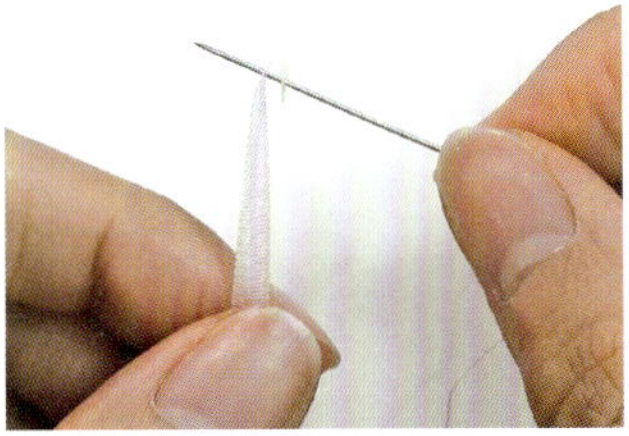

2 실 1가닥을 바늘에 끼운 뒤 리본을 고정할 위치로 올라와 접힌 부분으로 바늘을 통과시킵니다.

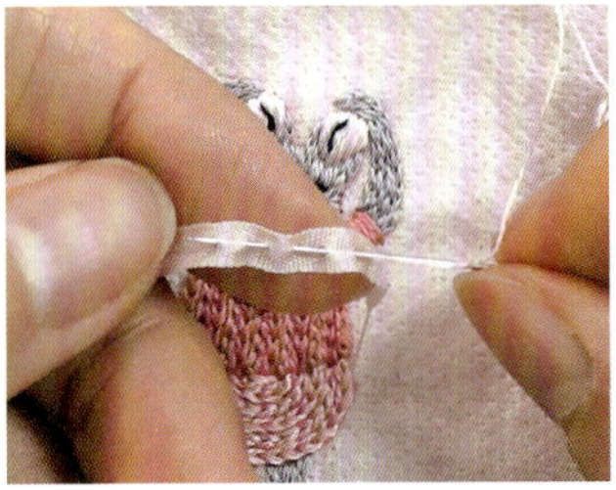

3 일정한 간격으로 리본의 끝까지 홈질을 합니다.

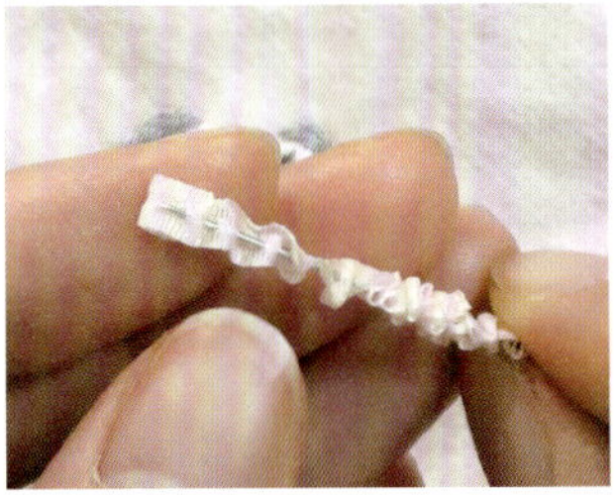

4 반대편 끝도 3~4mm 접은 뒤 통과시킵니다.

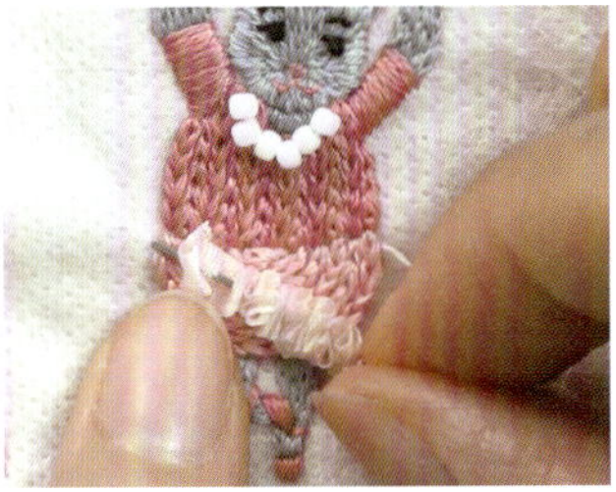

5 반대편 고정 위치로 바늘을 넣어 주름을 만들며 실을 끝까지 당깁니다.

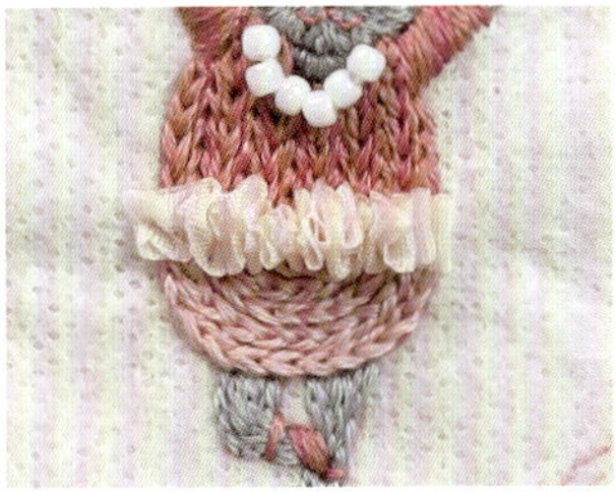

6 주름진 치마 완성!

스티치

디태치드 버튼홀 스티치

1 먼저 사진처럼 동일한 간격으로 백 스티치(67쪽)를 수놓아주세요.

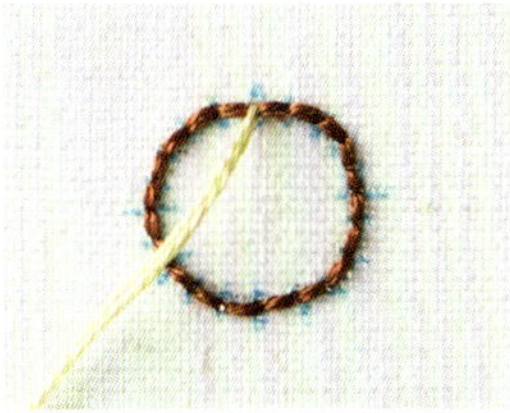

2 시작점의 땀 구멍으로 실을 끝까지 당겨 올라옵니다.

3 백 스티치 땀 아래 바늘을 통과하세요.

4 실을 바늘 아래에 걸친 뒤 바늘을 당기세요.

5 첫번째 고리 완성!

6 바로 옆 백 스티치 땀 아래 바늘을 통과시킨 뒤 같은 방법으로 바늘을 당기세요.

7 동일한 방법으로 모든 백 스티치에 고리를 만듭니다.

8 첫번째 줄이 완성된 모습.

9 첫번째 고리와 두번째 고리 중간에 바늘을 걸고 고리를 만들어 두번째 줄을 시작합니다.

10 동일한 방법으로 고리를 만드세요.

11 중간 과정 모습.

12 다음 줄은 과정이 잘 보이도록 실 색을 바꿔봤습니다.

13 옆 고리에 바늘을 걸어 세번째 줄을 시작하세요.

14 세번째 줄이 완성된 모습.

15 바로 옆 고리를 제외하고, 그다음 고리에 바늘을 걸어 네번째 줄을 시작합니다.

16 앞과 동일한 방법으로, 새로운 줄을 시작할 때 고리를 하나씩 건너뛰어 시작하세요.

17 입구가 좁아지면 남아 있는 자투리 실을 준비합니다.

18 바늘귀, 또는 가위 끝을 이용해 입체감이 생길 정도로 솜이나 자투리 실을 넣습니다.

19 이어서 고리를 하나씩 건너뛰어가며 바늘을 걸어서 면적을 채웁니다.

20 입구가 전부 막힌 모습.

21 중앙으로 바늘을 넣어 살짝 당기세요.

22 원형의 디태치드 버튼홀 스티치 완성!

23 측면에서 바라본 입체적인 모습.

레이지 데이지 스티치

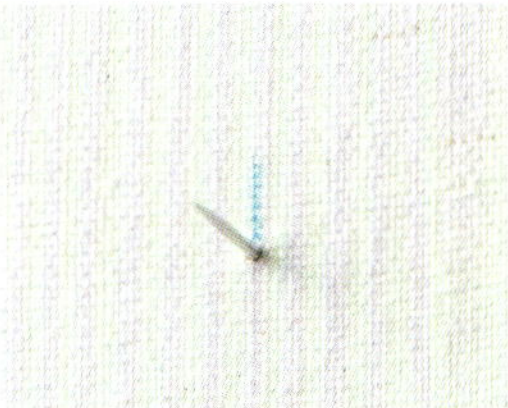

1 시작점에서 바늘을 올려 실을 끝까지 당기세요.

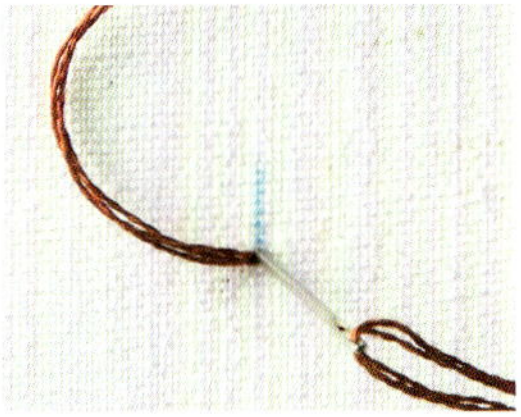

2 실을 위로 향하게 두고 바늘을 다시 시작점으로 넣습니다.

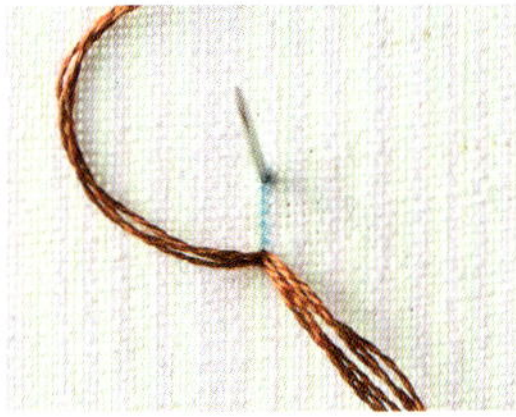

3 실을 당기지 않은 채 바로 이어 위로 올라와 실을 끝까지 당기세요.

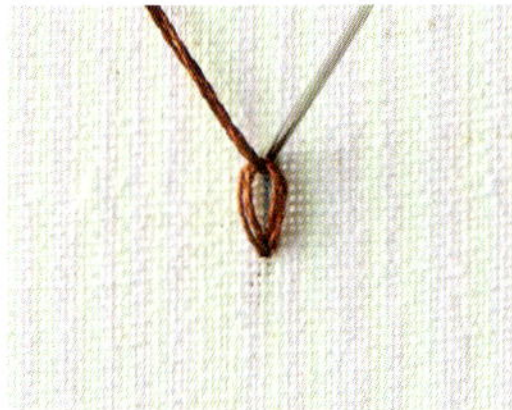

4 가까운 바깥 중앙으로 땀을 잡아 고정시킵니다.

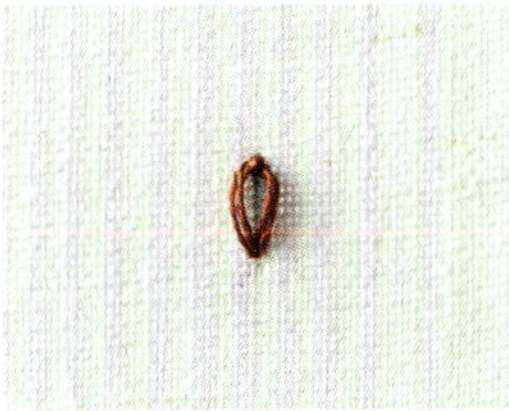

5 레이지 데이지 스티치 완성!

롤 스티치

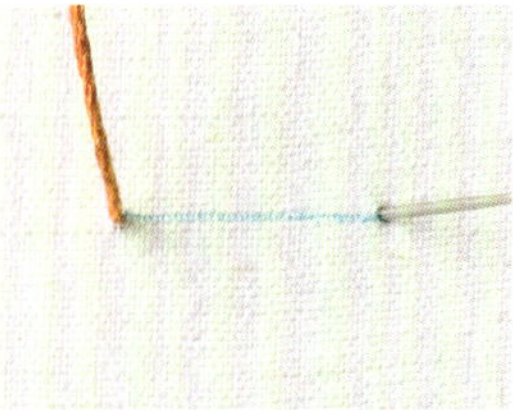

1 도안선 시작점에서 바늘을 끝까지 올린 뒤 도안선 끝나는 부분으로 찔러 내려가 길게 한 땀을 잡습니다.

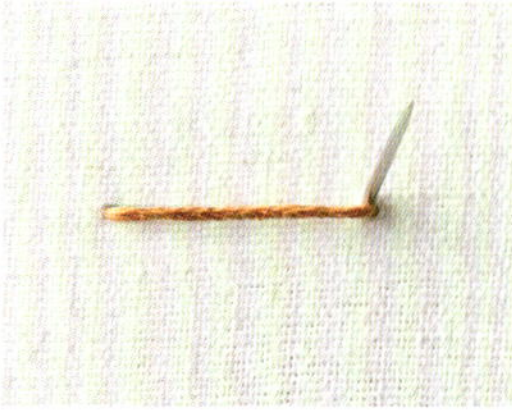

2 이어서 꼭짓점과 가깝게 위로 올라와 실을 끝까지 당기세요.

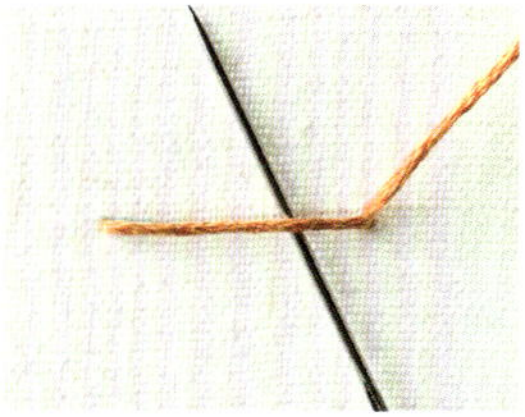

3 기둥(맨 처음 길게 잡은 땀) 아래로 바늘을 통과시켜주세요.

4 끝까지 당겨 휘감아주세요.

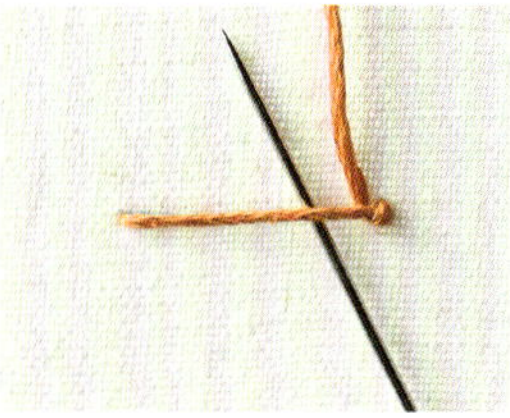

5 반복해 휘감습니다.

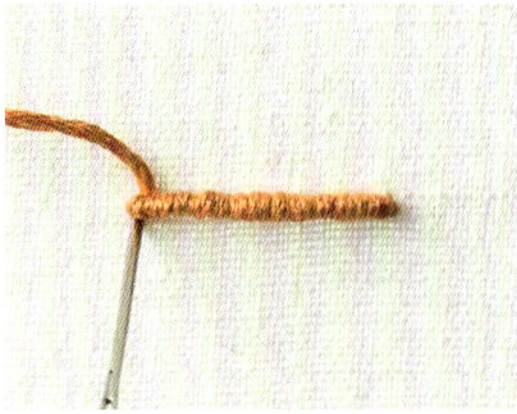

6 기둥을 전부 휘감으면 마무리합니다.

7 롤 스티치 완성!

롱 앤드 쇼트 스티치

1 도안에 맞게 선을 그려주세요.

2 왼쪽 상단을 시작으로 바늘을 올립니다.

3 두 칸(롱) 아래로 바늘을 넣어 끝까지 당기세요.

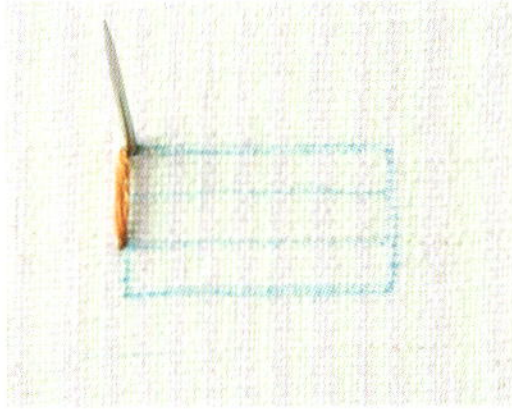

4 다시 시작점 옆으로 가깝게 올라옵니다.

5 이번엔 한 칸(쇼트) 아래로 바늘을 넣어 끝까지 당기세요.

6 다시 옆 땀과 가깝게 올라오세요.

7 두 칸 아래로 바늘을 넣어 당기세요.

8 다시 한 칸 채워주세요.

9 롱과 쇼트를 번갈아 반복해 전부 채웁니다.

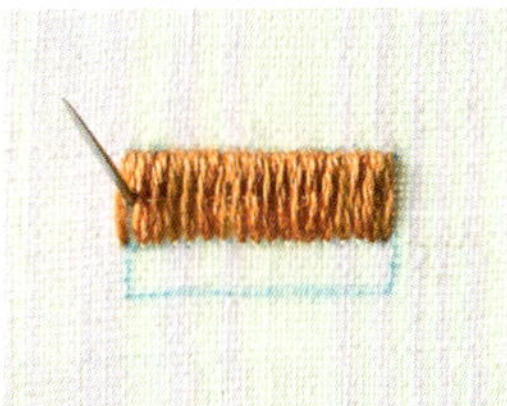

10 첫번째 줄 쇼트 아래 땀 구멍에 맞춰 올라오세요.

11 롱이 되도록 두 칸 아래에 내려와 바늘을 넣어주세요.

12 첫번째 줄이 모든 쇼트 땀 구멍에 맞춰 롱으로 채웁니다.

13 두번째 줄까지 완성된 모습.

14 첫번째 줄 롱 아래 땀 구멍에 맞춰 올라와 한 칸을 채워주세요.

15 첫번째 줄 모든 롱 땀 구멍에 맞춰 쇼트로 채웁니다.

16 롱 앤드 쇼트 스티치 완성!

링 스티치

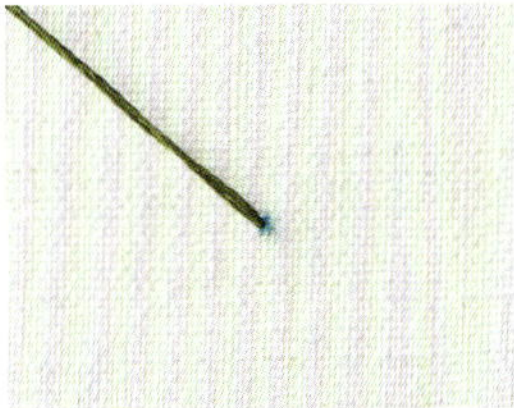

1 시작점에서 실을 끝까지 당겨 올라옵니다.

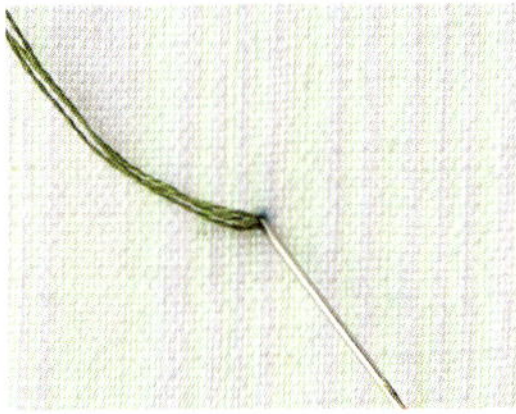

2 올라온 구멍으로 바늘을 다시 찔러 내려갑니다.

3 천천히 실을 당겨 고리를 만들어주세요.

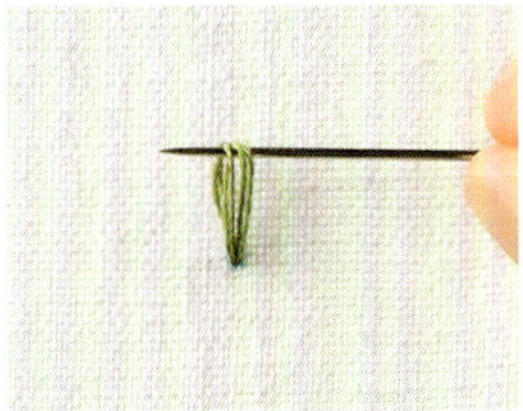

4 바늘로 조절해주면서 고리의 크기를 맞춥니다.

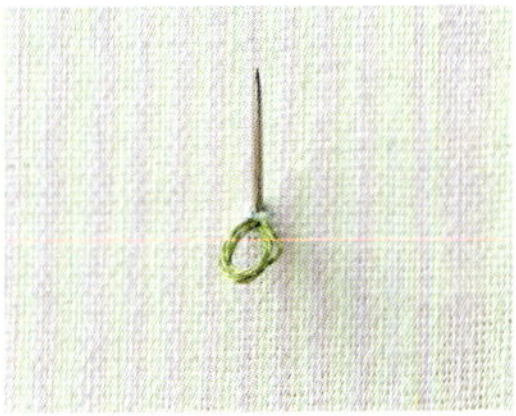

5 바늘을 시작점과 가까운 위쪽으로 찔러 올라옵니다.

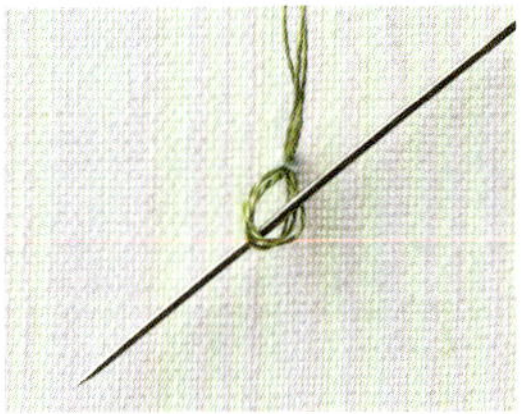

6 고리의 크기는 유지한 채 실을 끝까지 당겨주고 고리 사이로 바늘을 넣어 통과시키세요.

7 시작점과 가까운 아래쪽으로 바늘을 찔러 내립니다.

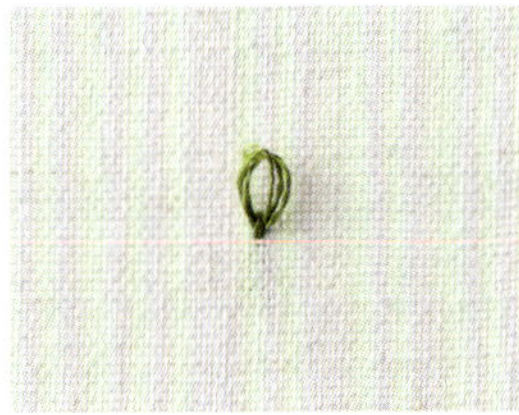

8 링 스티치 완성!

9 측면에서 바라본 입체적인 모습. 간격을 촘촘하게 채워 여러 번 수놓으면, 입체적으로 털의 느낌을 표현할 수 있습니다.

백 스티치

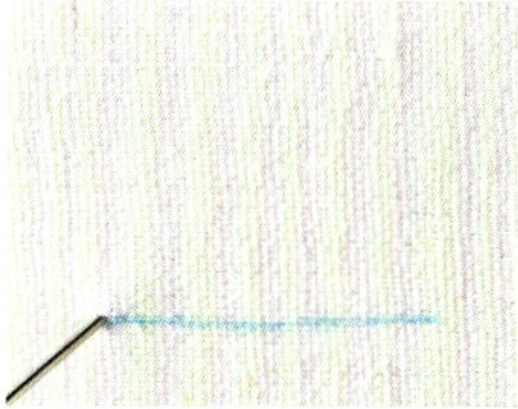

1 시작점에서 실을 끝까지 당겨 올라옵니다.

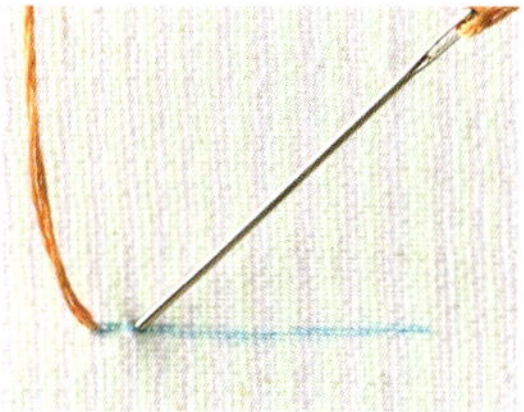

2 한 땀 잡아 내려가고,

3 실을 끝까지 당깁니다.

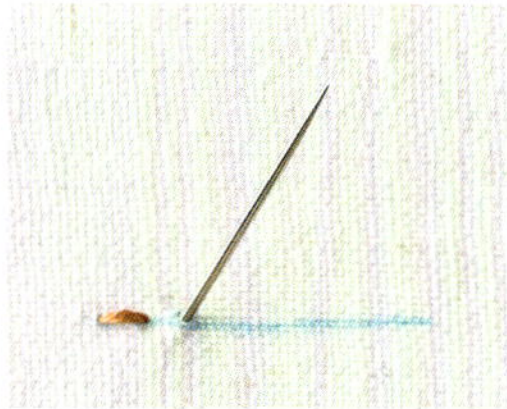

4 앞에 잡아준 땀과 같은 길이를 두고 바늘을 올립니다.

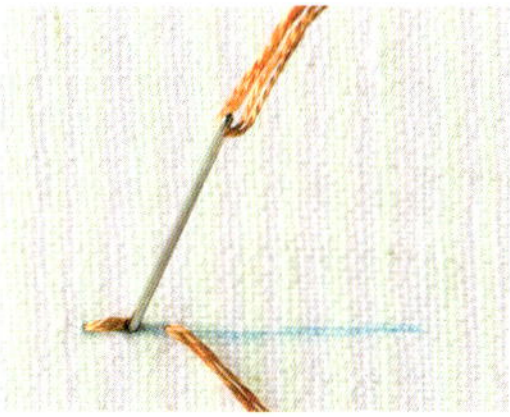

5 앞 땀의 끝 구멍으로 바늘을 넣어 끝까지 당깁니다.

6 다시 같은 간격으로 올라옵니다.

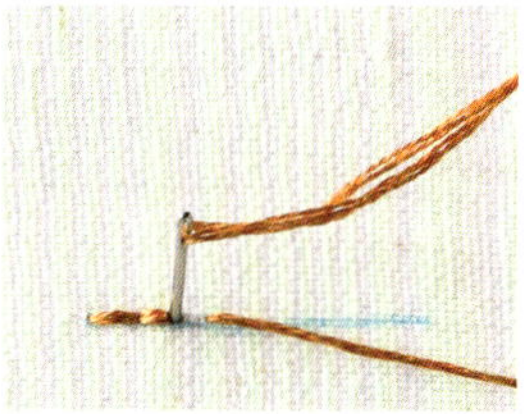

7 다시 앞 땀의 끝 구멍으로 넣는 과정을 반복해 수놓습니다.

8 백 스티치 완성!

버튼홀 스티치

1 두 줄로 된 도안선을 그립니다.

2 윗줄의 시작점으로 올라온 뒤 아랫줄로 내려가면서 한 땀 수놓습니다.

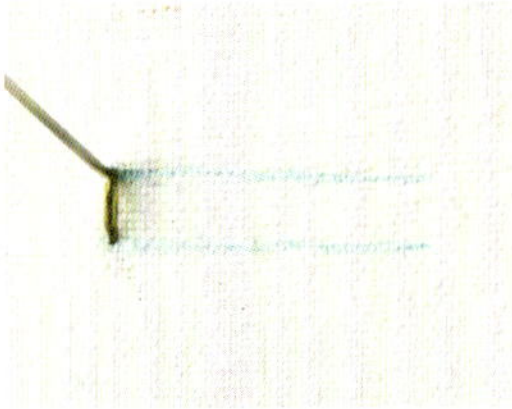

3 시작점 왼쪽으로 가깝게 올라와 실을 끝까지 당깁니다.

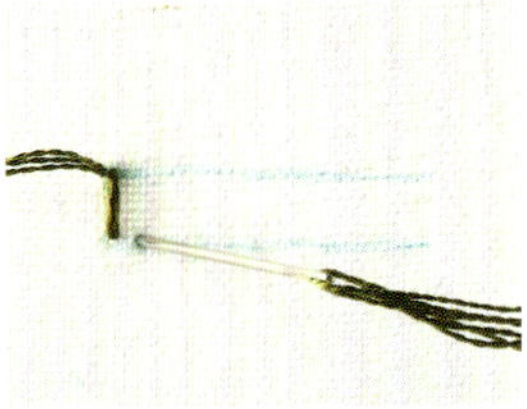

4 아랫줄로 다시 내려가는데, 이때 간격을 살짝 띄우고 바늘을 반만 넣습니다.

5 바로 이어서 직선이 되는 윗줄에 바늘을 찔러 올립니다.

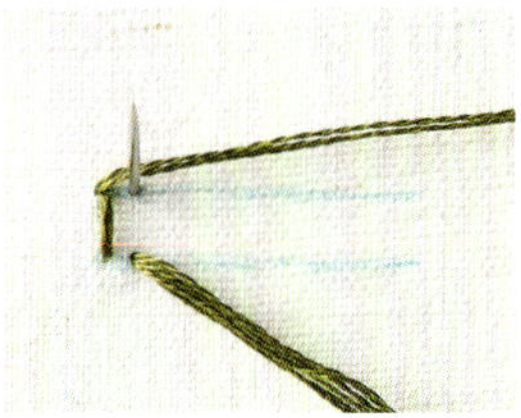

6 끝까지 나오지 않은 바늘 아래로 실을 걸친 다음,

7 실을 끝까지 당깁니다.

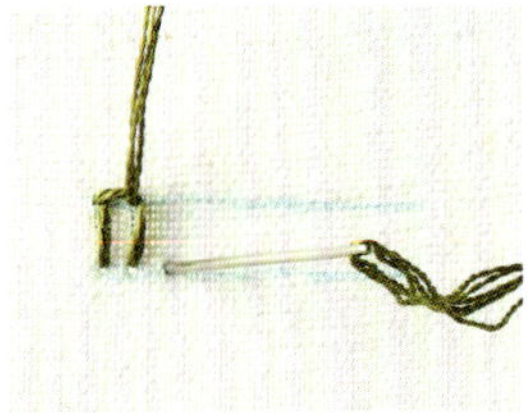

8 다시 간격을 띈 아랫줄로 바늘을 찔러 넣고,

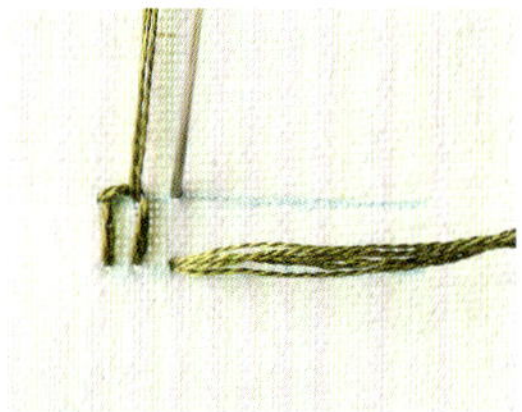

9 바로 이어 윗줄로 올라옵니다.

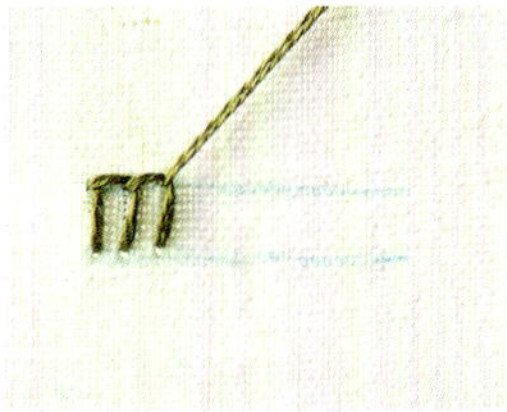

10 이때 실을 끝까지 당깁니다.

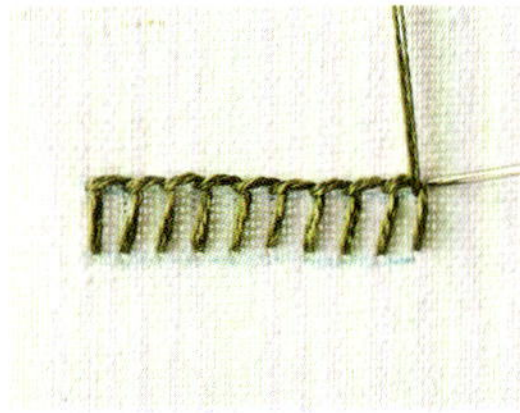

11 동일한 방법으로 도안선 끝까지 채우면, 바깥쪽으로 바늘을 찔러 내린 뒤 마무리합니다.

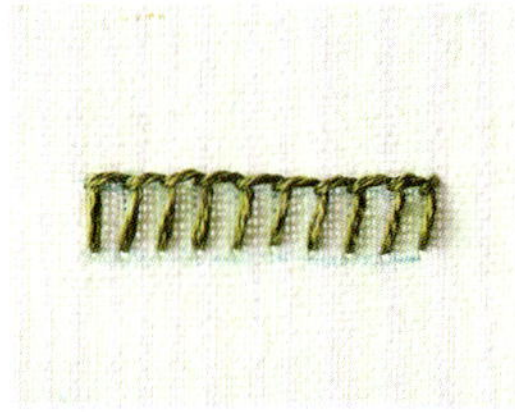

12 버튼홀 스티치 완성!

불리언 스티치

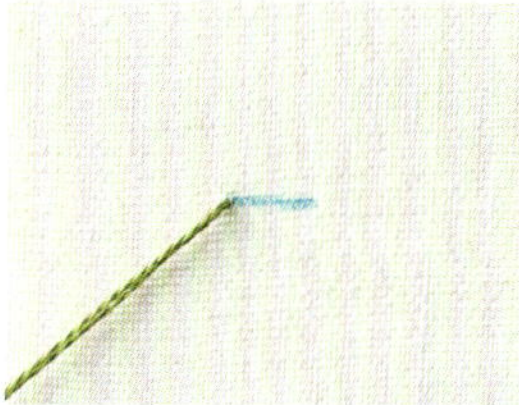

1 도안선 시작점으로 올라와 실을 끝까지 당겨주세요.

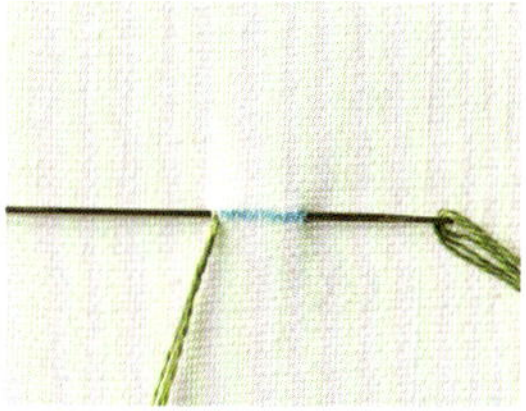

2 반대쪽 끝으로 바늘을 찌른 뒤, 바로 시작점과 가까운 쪽으로 올라온 채로 바늘을 빼지 않습니다.

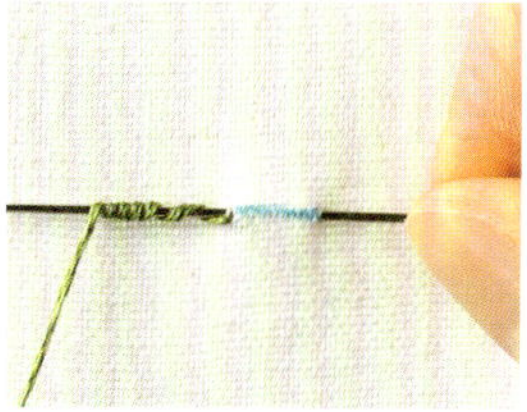

3 바늘에 실을 감아줍니다.

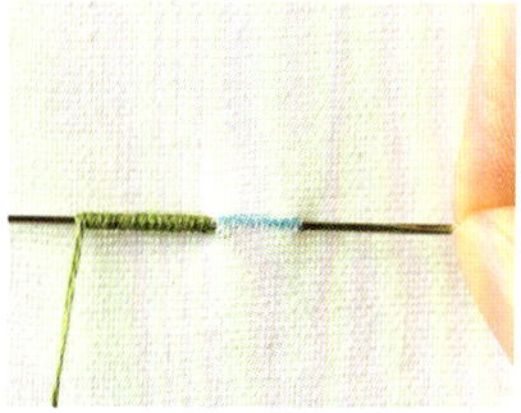

4 바늘로 잡은 땀의 길이보다 조금 더 길게 촘촘히 감아주세요.

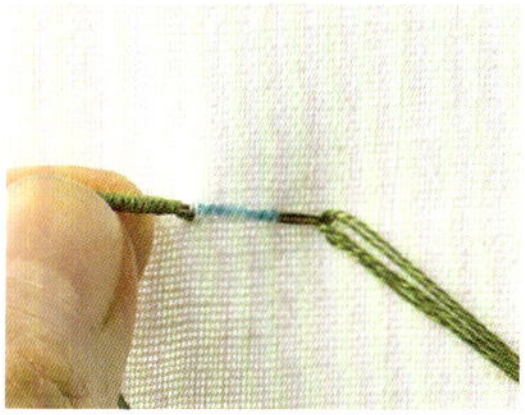

5 빠지지 않도록 감아준 부분의 끝을 잡습니다.

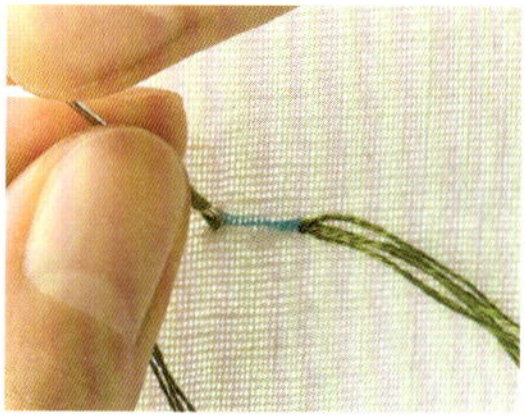

6 실이 뭉쳐 있는 부분을 잡은 상태에서 바늘만 잡아당깁니다.

7 끝까지 당겨 조입니다.

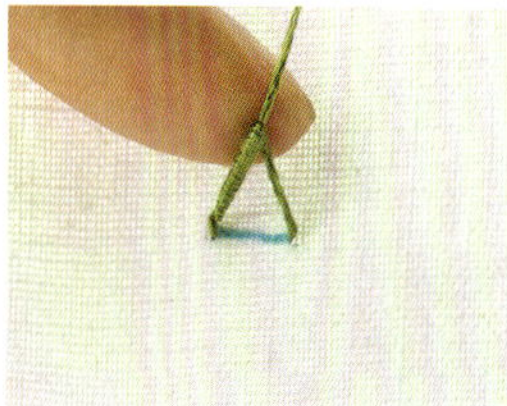

8 가지런히 실을 정돈해주세요.

9 오른쪽 실이 안보일 때까지 조입니다.

10 오른쪽 땀에 바늘을 찔러 넣습니다.

11 불리언 스티치 완성!

비즈 달기

한 개 달기

1 비즈를 달 위치에서 올라와 실을 끝까지 당겨주세요.

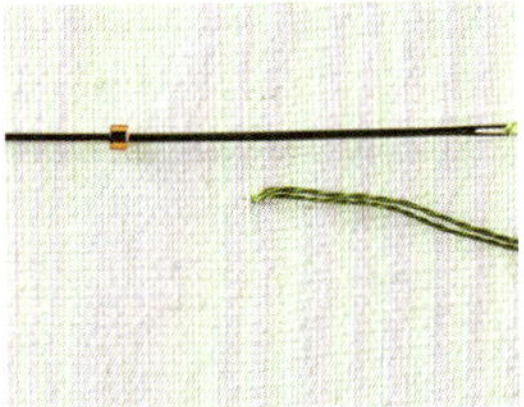

2 비즈를 바늘에 통과시킵니다.

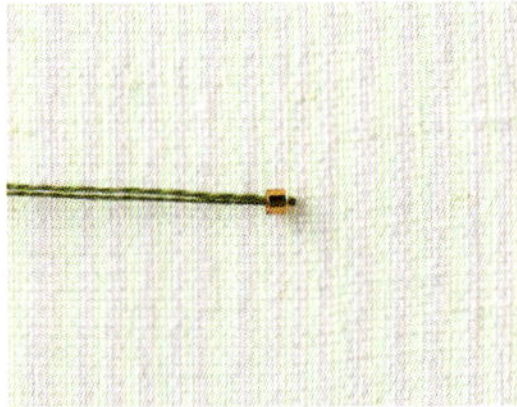

3 실을 끝까지 당겨주세요.

4 실의 가닥을 가르고 올라왔던 시작점 바로 옆으로 내려갑니다.

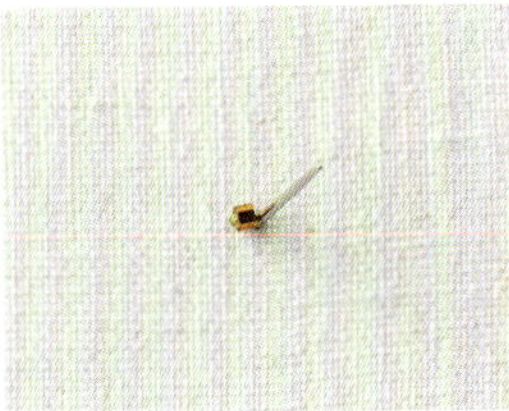

5 다시 시작점으로 올라옵니다.

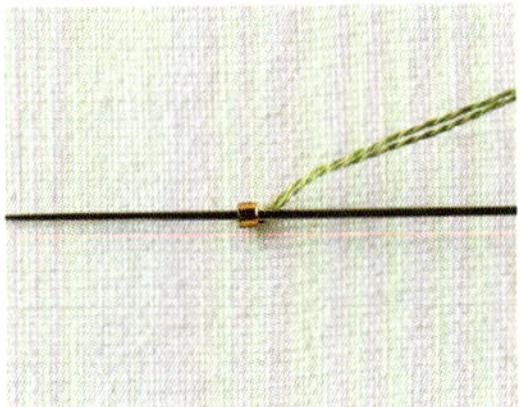

6 다시 비즈에 바늘을 통과시킵니다.

7 앞에 내려갔던 지점에 다시 바늘을 찔러 내려가 고정시켜줍니다.

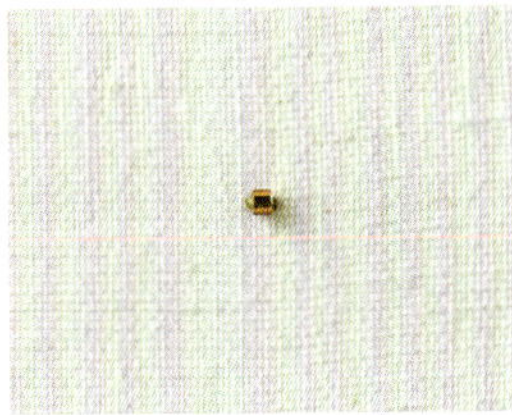

8 비즈 달기 완성!

여러 개 달기

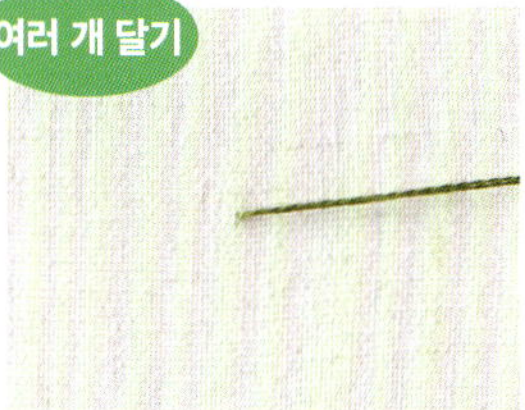

1 비즈를 달고 싶은 시작점으로 올라와 실을 끝까지 당겨주세요.

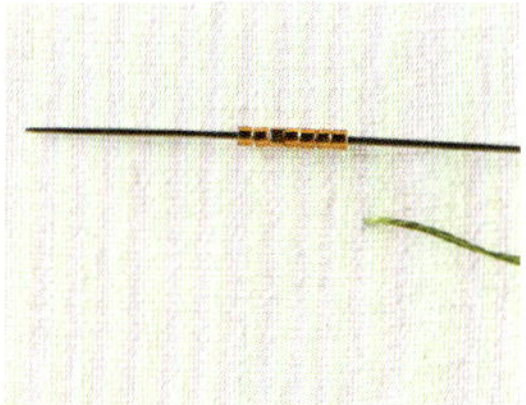

2 바늘에 비즈를 원하는 개수만큼 끼웁니다.

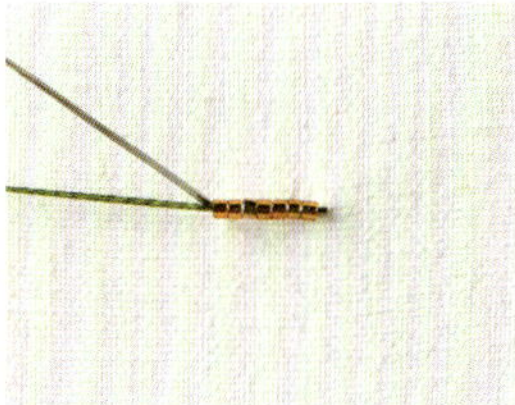

3 고정하고 싶은 위치에 바늘을 찔러 내려갑니다.

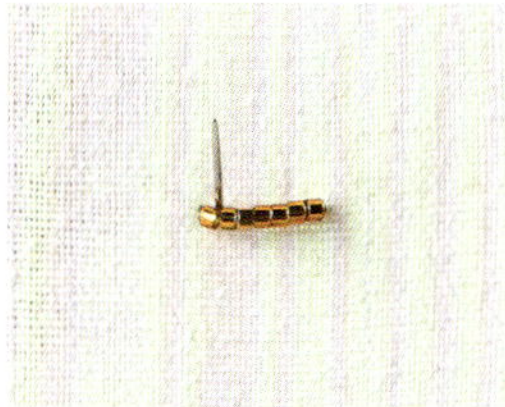

4 비즈와 비즈 사이로 올라온 뒤,

5 세로로 한 땀 잡아 고정시킵니다.

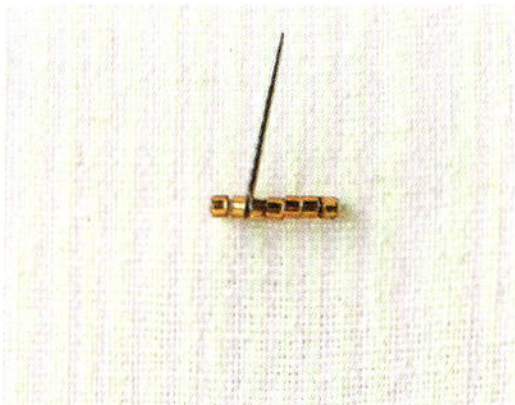

6 옆 비즈 사이로 이동해 올라옵니다.

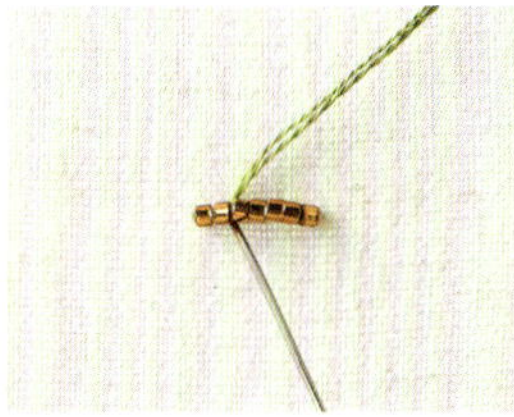

7 같은 방식으로 고정시킵니다. 비즈의 개수만큼 반복합니다.

8 비즈 여러 개 달기 완성!

새틴 스티치

1 먼저 도안선을 따라 백 스티치로 수놓아주세요.

2 백 스티치로 수놓은 부분 바깥쪽 가운데로 올라와 시작합니다.

3 세로 방향으로 직선 한 땀을 수놓습니다. 이때 백 스티치 바깥으로 땀을 잡아 백 스티치를 덮어 수놓습니다.

4 다시 시작점과 가깝게 붙여 올라옵니다.

5 다시 세로 방향으로 직선의 한 땀을 수놓으세요.

6 반복해 채웁니다.

7 반이 채워진 모습.

8 반대편을 채울 때는 뒷면에서 실 밑으로 바늘을 통과시켜 이동하면 깔끔해요!

9 다시 앞면의 중앙으로 올라온 다음,

10 반대편도 동일한 방법으로 채워줍니다.

11 새틴 스티치 완성!

◆ 예시에서는 백 스티치를 수놓은 후 새틴 스티치를 진행했지만, 백 스티치는 생략 가능합니다. 단, 백 스티치 위에 새틴 스티치를 수놓으면 형태를 더 정확하게 채울 수 있고, 볼륨감도 생기므로 때에 따라 추천합니다.

스미르나 스티치

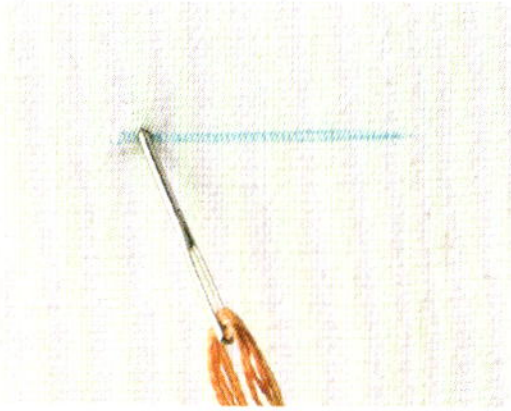

1 실을 바늘에 끼운 뒤 매듭을 짓지 않은 채 도안선 시작점보다 한 땀 뒤로 바늘을 넣어주세요.

2 실을 천천히 당겨 적당한 길이만큼 남깁니다.

3 도안선 시작점으로 올라와 실을 끝까지 당겨주세요.

4 남겨둔 실을 기준으로 반대쪽에 바늘을 넣어 한 땀 잡아주세요.

5 바로 이어서 맨 처음의 바늘을 넣었던 구멍으로 올라온 뒤 실을 끝까지 당깁니다.

6 실을 다시 아래로 내려서 사진과 같이 간격을 맞춰 한 땀 잡습니다.

7 실을 천천히 당겨 적당한 크기의 고리를 남긴 뒤 사진과 같이 바늘을 올려주세요.

8 실을 끝까지 당긴 뒤 사진과 같이 다시 바늘을 넣어 한 땀 잡습니다.

9 이어서 왼쪽 땀 구멍으로 올라온 뒤,

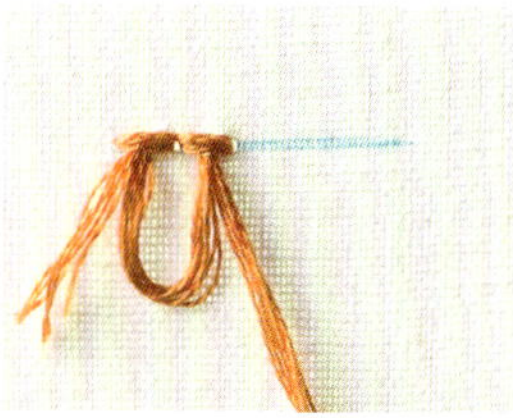

10 실을 당겨줍니다. 도안선 끝까지 과정을 반복합니다.

11 끝 실을 잘라줍니다.

12 남은 고리들도 전부 자릅니다.

13 원하는 길이만큼 실을 잘라 정돈합니다.

14 스미르나 스티치 완성!

스트레이트 스티치

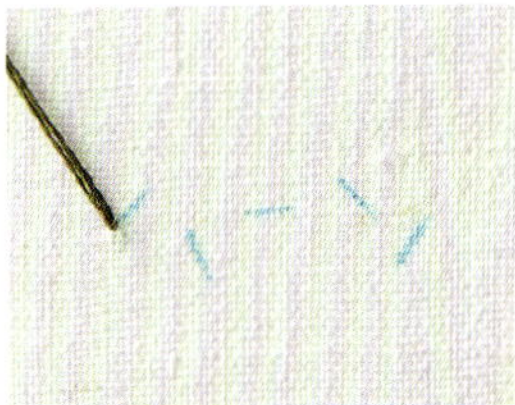

1 도안선 시작점으로 바늘을 올려 실을 끝까지 당깁니다.

2 도안선 끝으로 바늘을 넣어 한 땀 수놓아주세요.

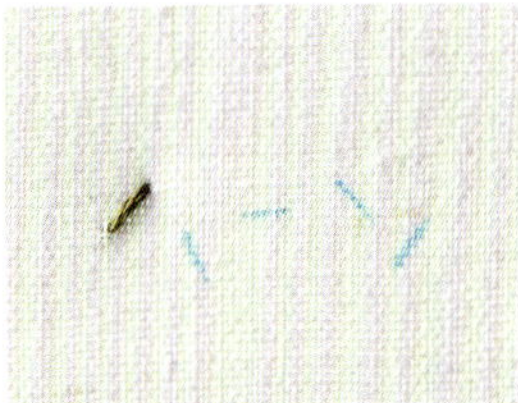

3 스트레이트 스티치 완성!

4 사진과 같이 다양한 각도로 수놓을 수 있습니다.

스플릿 스티치

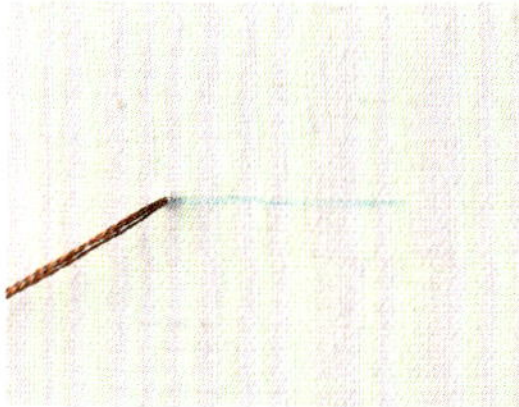

1 도안선 시작점으로 바늘을 올려 실을 끝까지 당겨줍니다.

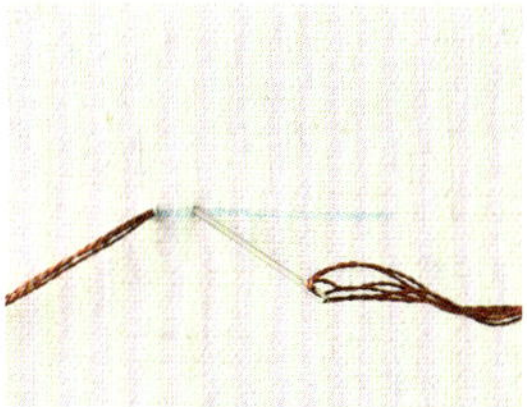

2 옆으로 한 땀 수놓은 뒤,

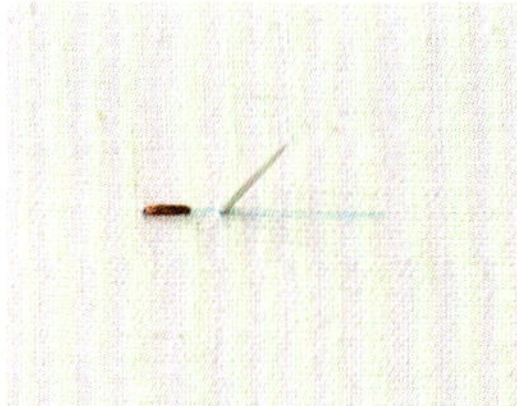

3 한 땀 뒤에서 올라옵니다.

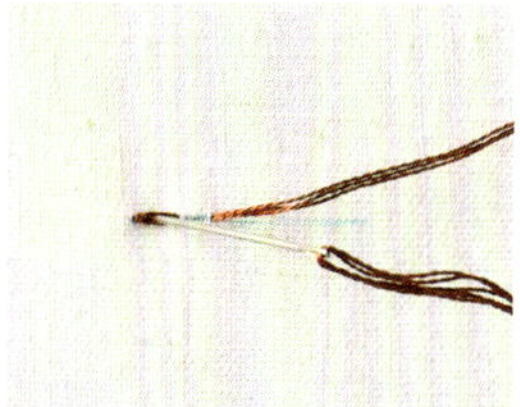

4 앞에 수놓은 땀 위에 바늘을 넣어 통과시킵니다.

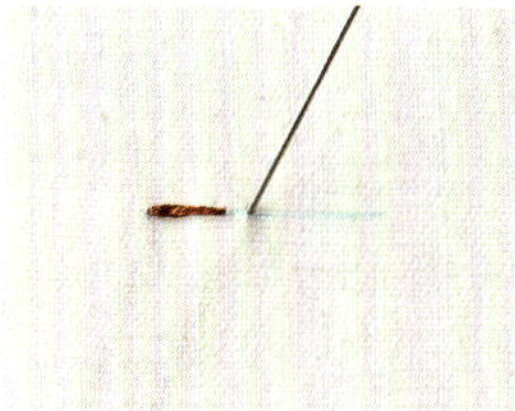

5 다시 한 땀 뒤에서 올라옵니다.

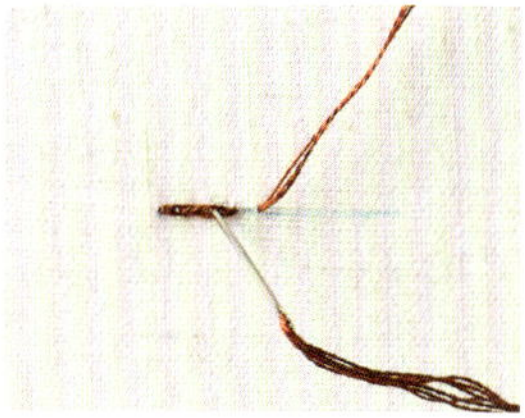

6 다시 앞의 땀 중간으로 바늘을 넣어 통과시킵니다.

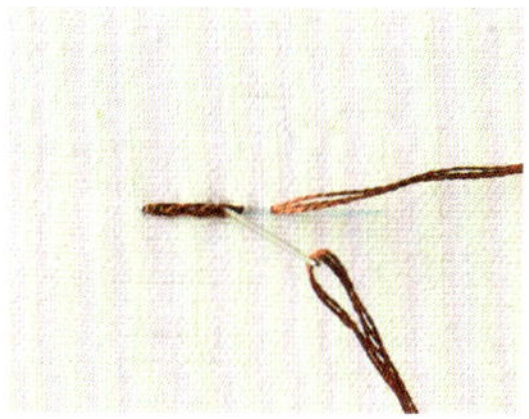

7 반복해 수놓습니다.

8 스플릿 스티치 완성!

아우트라인 스티치

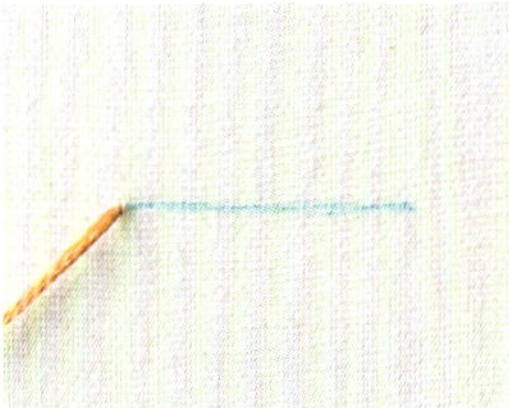

1 도안선 시작점으로 바늘을 올려 실을 끝까지 당깁니다.

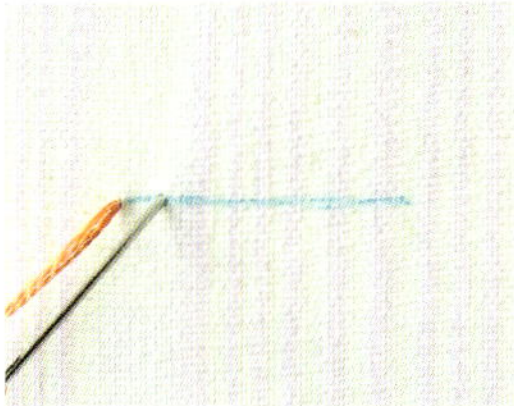

2 옆으로 바늘을 찔러 내려간 뒤,

3 실을 끝까지 당기지 않은 채 이어서 중앙으로 올라옵니다. 그다음 실을 끝까지 당기세요.

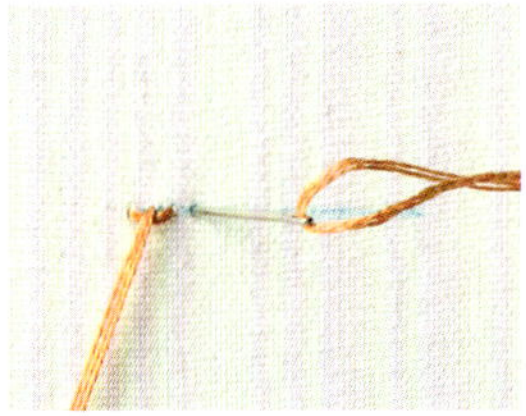

4 실을 아래로 내린 뒤 다시 같은 간격으로 옆을 찔러 내려갑니다.

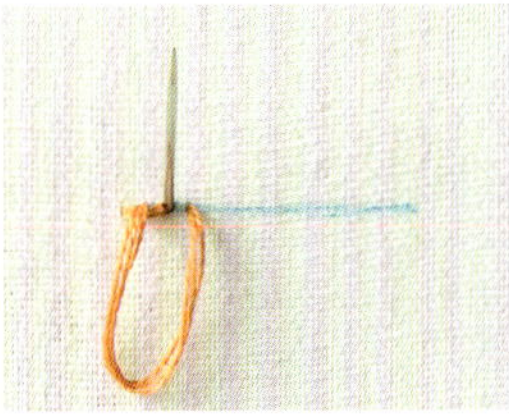

5 왼쪽 땀 구멍으로 올라와 당겨주세요.

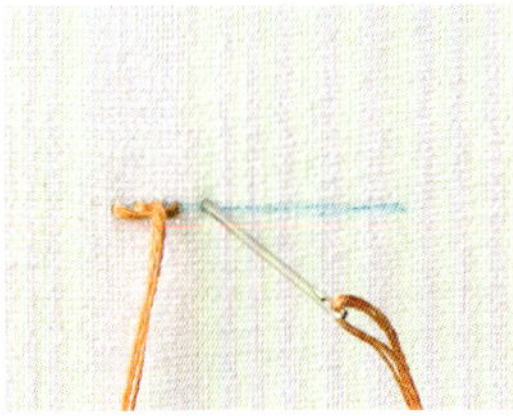

6 실을 아래로 내린 뒤 앞의 과정을 반복해 수놓습니다.

7 도안선 끝까지 채우면, 실을 끝까지 당겨 마무리합니다.

8 아우트라인 스티치 완성!

체인 스티치

1 도안선 시작점으로 올라와 실을 끝까지 당기세요.

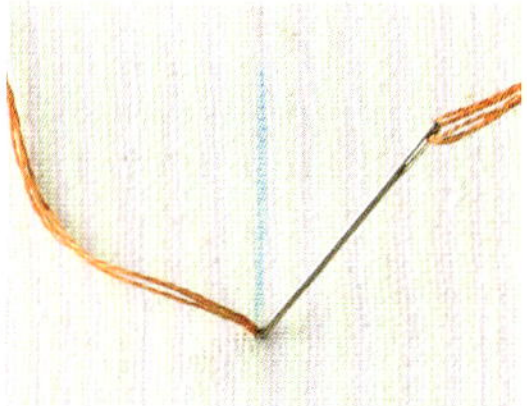

2 같은 땀구멍으로 바늘을 찔러 내려간 뒤,

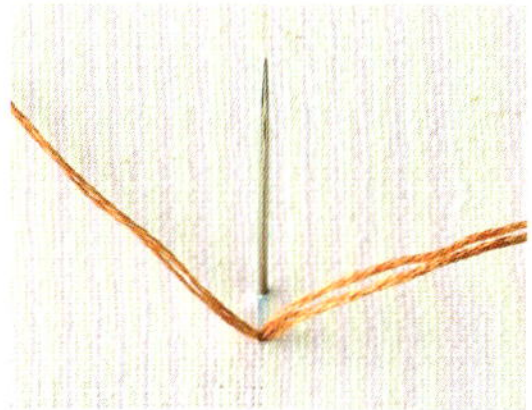

3 실을 당기지 않은 채 위로 올라옵니다.

4 실을 천천히 당기세요.

5 끝까지 당기면 원이 만들어집니다.

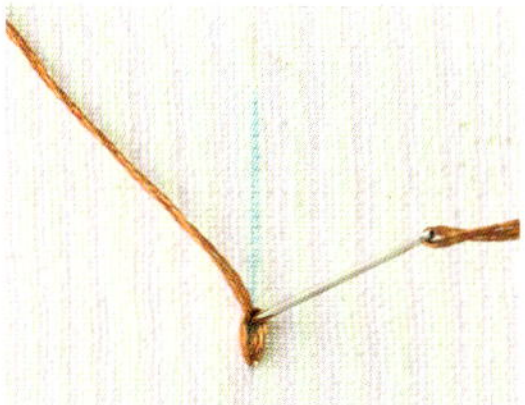

6 방금 나왔던 원 안쪽 땀 구멍으로 바늘을 찔러 내려간 뒤,

7 이어서 한 땀 위로 올라와 찔러주세요.

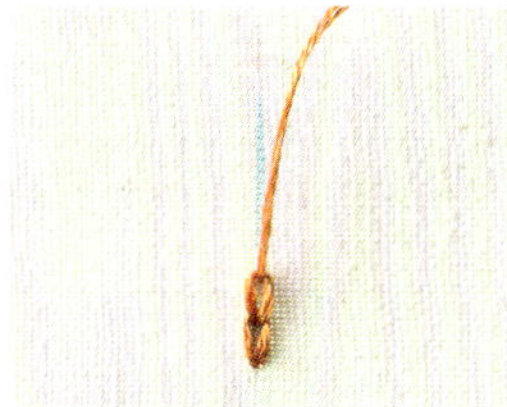

8 실을 끝까지 당기세요.

9 앞의 과정을 반복합니다.

10 선을 모두 채웠다면, 가까운 바깥쪽 정중앙을 찔러 내려가 마무리해주세요.

11 체인 스티치 완성!

카우칭 스티치

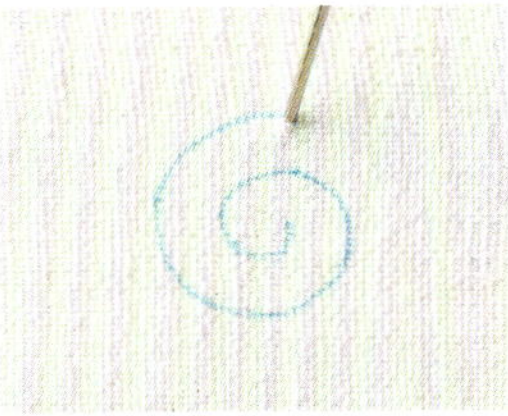

1 도안선 시작점으로 올라와 실을 끝까지 당기세요.

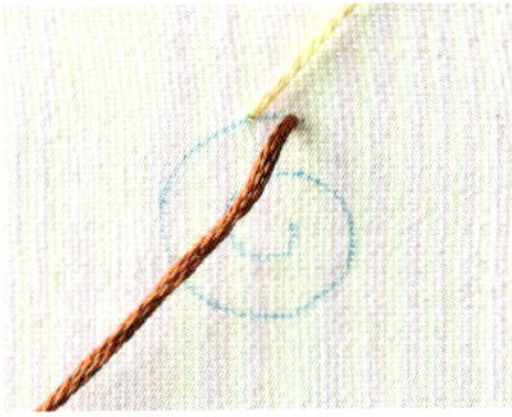

2 두번째 실을 준비해 시작점으로부터 원하는 간격 뒤로 올라와 끝까지 당깁니다.

3 첫번째 실을 감싸며 올라왔던 땀 구멍으로 찔러 내려갑니다.

4 실을 끝까지 당겨 고정시켜주세요.

5 도안선을 따라 동일한 간격으로 올라온 뒤,

6 같은 방법으로 고정시킵니다.

7 도안선을 따라가며 반복합니다.

8 도안선 끝까지 다다르면 찔러 내려가 마무리합니다.

9 카우칭 스티치 완성!

코디드 디태치드 버튼홀 스티치

1 먼저, 스티치로 채울 면적의 도안선을 백 스티치(67쪽)로 수놓습니다.

2 왼쪽 상단으로 올라옵니다.

3 바늘을 상단의 첫번째 백 스티치 땀 아래로 통과해 사진처럼 걸어주세요.

4 실을 당겨 고리를 만듭니다.

5 다시 두번째 백 스티치 실 아래로 바늘을 통과해 걸어줍니다

6 다시 실을 당겨 고리를 만드세요.

7 앞의 과정을 반복해 첫 줄을 완성합니다.

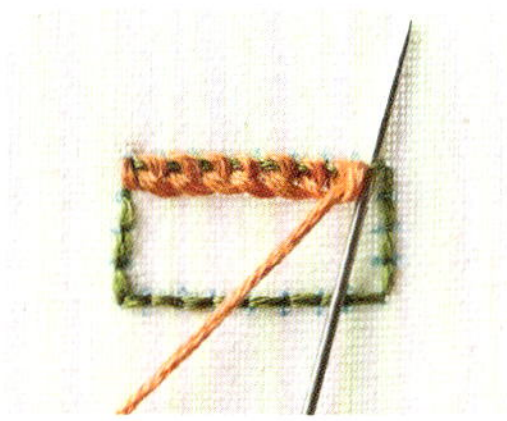

8 상단의 마지막 백 스티치 땀 밑으로 바늘을 통과시킵니다.

9 실을 당긴 뒤, 양옆의 세로변 각 첫번째 백 스티치 땀 아래로 바늘을 통과시키세요.

10 그다음, 사진과 같이 윗줄의 첫번째 고리 앞에 바늘을 걸어 당깁니다.

11 다시 바로 옆 첫번째와 두번째 고리 중간에 바늘을 걸어 당깁니다.

12 앞의 과정을 반복해 첫 줄을 채워주세요.

13 오른쪽 세로변의 통과했던 백 스티치 땀 아래로 바늘을 통과시켜 다시 나갑니다.

14 다시 양옆 세로변의 각 두번째 백 스티치 땀 아래로 바늘을 통과시킵니다.

15 바로 윗줄 첫번째와 두번째 고리 중간에 바늘을 걸어 시작합니다.

16 마찬가지로 고리 만드는 과정을 반복해 두번째 줄을 채워주세요.

17 앞에서 통과했던 오른쪽 세로변 두번째 백 스티치 땀 아래로 다시 나갑니다.

18 다시 양옆 세로변의 각 세번째 백 스티치 땀 아래 바늘을 통과시킵니다.

19 윗줄의 첫번째 고리 앞부터 바늘을 걸어 당깁니다. 같은 과정을 반복해 세번째 줄을 채워주세요.

20 마찬가지로 오른쪽 세로변의 백 스티치 땀 아래로 바늘을 통과시켜 나갑니다.

21 다시 사진처럼 줄을 바꿔 첫번째와 두번째 고리 중간부터 바늘을 걸어 시작하세요.

22 들어왔던 백 스티치 땀 밑으로 바늘을 통과해 나갑니다.

23 면적을 다 채웠다면, 바늘귀 또는 가위 끝을 이용해 스티치 아래로 자투리 실, 또는 솜을 넣어 입체감을 만듭니다.

24 바늘을 아래쪽 백 스티치와 그 위 마지막 두 개의 고리 아래로 함께 통과합니다.

25 실을 내려 입구를 막아줍니다.

26 같은 방법을 반복해 입구를 막아주세요.

27 끝 모서리에 바늘을 찔러 내려가 마무리합니다.

28 코디드 디태치드 버튼홀 스티치 완성!

29 측면에서 바라본 입체적인 모습.

태슬 만들기

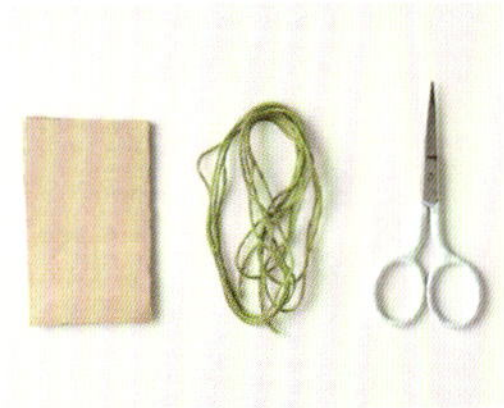

1 두꺼운 종이를 함께 준비합니다.

2 사진과 같이 종이 위에 실을 올려줍니다.

3 실을 한 바퀴 감습니다.

4 원하는 만큼 실을 감아주세요.

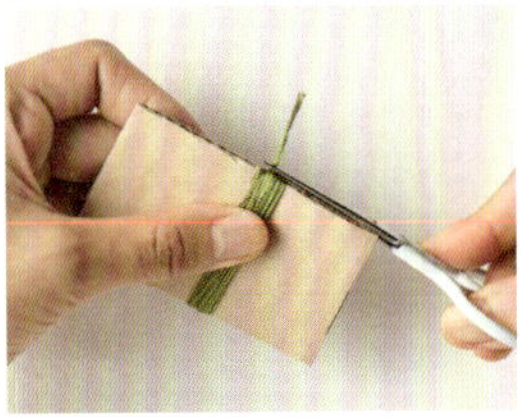

5 실 끝을 잘라 정리합니다.

6 같은 색 실을 새로 바늘에 끼운 뒤, 사진과 같이 통과시켜줍니다.

7 실을 당겨 사진과 같이 올립니다.

8 가볍게 매듭을 지은 뒤 종이에서 실을 빼냅니다.

9 앞에서 잡은 매듭을 세게 조여서 두 번 묶습니다.

10 매듭을 짓고 남은 실은 아래로 내려 끝에 맞춰 자릅니다.

11 다시 같은 색의 실을 준비해 사진과 같이 윗부분을 묶어 세게 조여줍니다.

12 한 번 더 반복해 묶어서 고정합니다.

13 고정하고 남은 실도 아래로 내려 길이를 맞춰 자릅니다.

14 전체를 원하는 길이만큼 잘라주세요.

15 바늘을 사용해 올을 풀어주면 태슬이 완성됩니다.

16 고정하고 싶은 천 위에 태슬을 올리고, 새 실을 준비해 태슬의 머리 아래에서 올라옵니다.

17 위에서 아래로 태슬을 고정시키면서 땀을 잡아줍니다.

18 한두 번 더 반복합니다.

19 태슬 고정 완료!

트위스티드 로즈 스티치

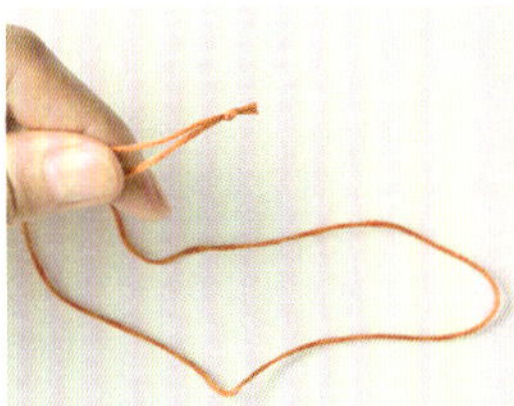

1 실의 양끝을 묶습니다.

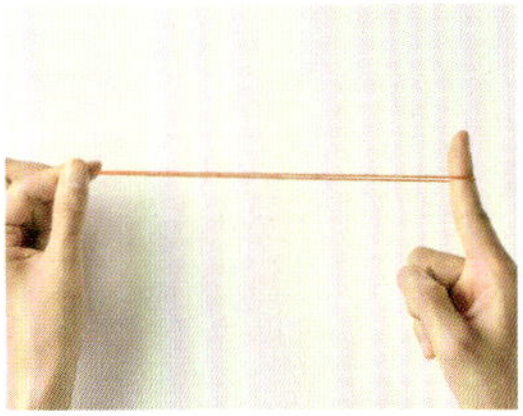

2 사진과 같이 실을 잡는데, 한쪽은 매듭을 잡고 한쪽은 손가락을 걸어줍니다.

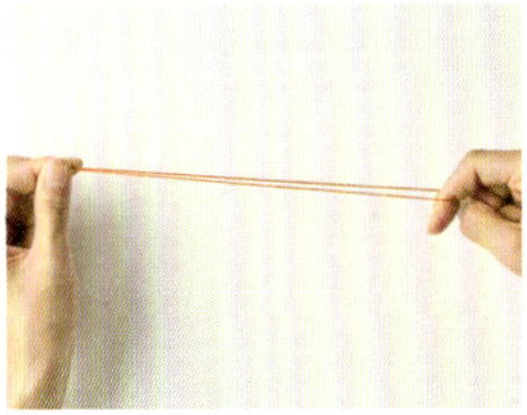

3 실을 손가락에 건 채 손가락을 빙글빙글 돌립니다.

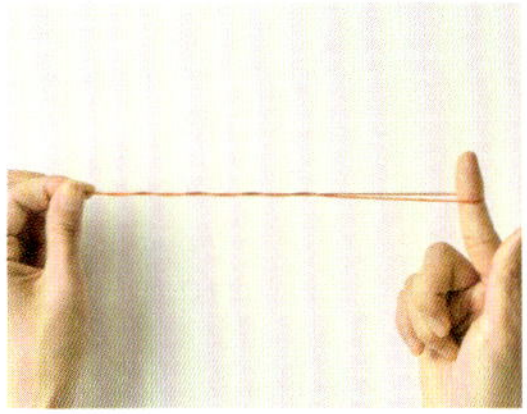

4 반복해 손가락을 돌리면 실이 꼬입니다.

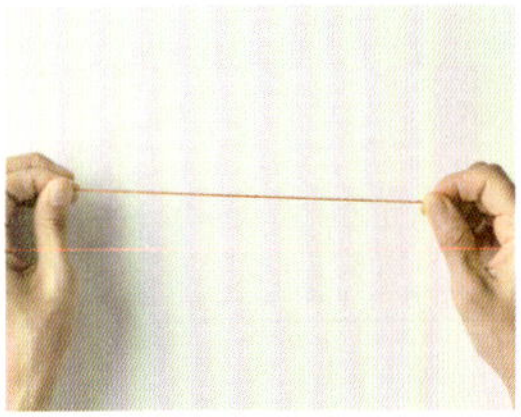

5 끝까지 꼬이면 손가락을 빼서 남은 부분까지 꼬아줍니다.

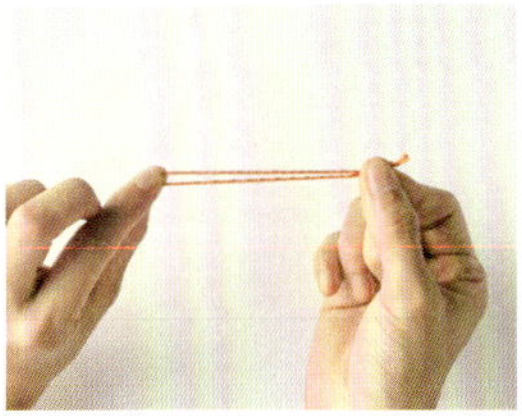

6 반을 접은 뒤 매듭 짓습니다.

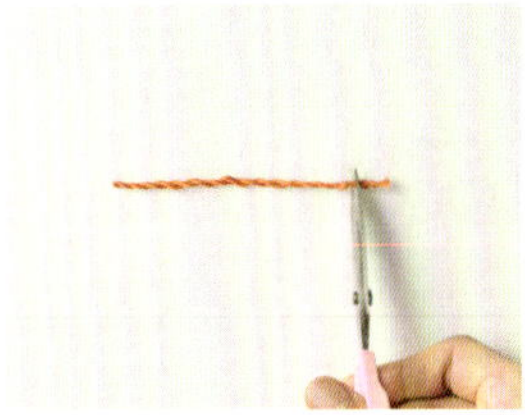

7 매듭 끝은 잘라 정돈합니다.

8 트위스티드 로즈 스티치를 수놓을 천 위에 꼬아둔 실의 매듭 쪽을 올립니다.

9 고정할 실을 꼬아둔 실의 매듭 안쪽 위치에서 올라와 한 땀 잡아줍니다.

10 매듭 바깥쪽도 동일하게 한 땀 잡아 꼬아둔 실을 천 위에 고정시킵니다.

11 이어서 매듭을 감싸듯 가깝게 붙인 뒤, 고정할 위치에서 실을 끝까지 당깁니다.

12 가닥의 중간으로 바늘을 넣어 찔러 내려가면서 고정시킵니다.

13 원하는 모양으로 실을 감아가며 앞과 같은 방법으로 고정시킵니다.

14 반복해 실을 감으면서 땀을 잡아 고정시킵니다.

15 끝 부분은 위 중앙에 고정시켜 마무리합니다.

16 트위스티드 로즈 스티치 완성!

17 측면에서 바라본 입체적인 모습.

프렌치 노트 스티치

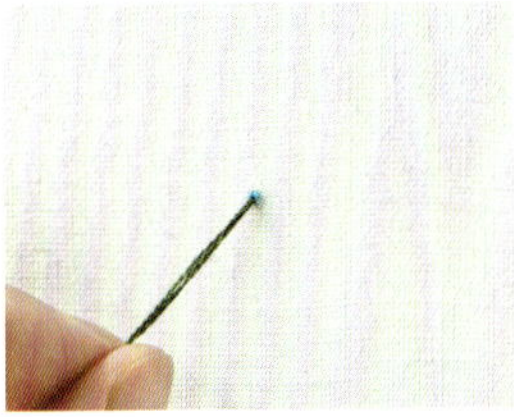

1 스티치를 수놓을 곳에서 바늘을 올려 뺀 실을 손으로 당깁니다.

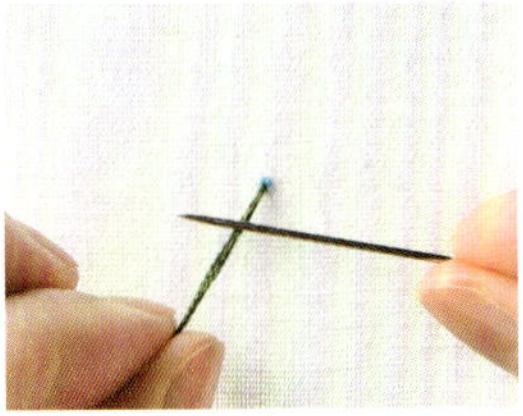

2 잡은 실 위로 바늘을 올려주세요.

3 실을 한 바퀴 감습니다.

4 총 2회 감은 모습(도안에 따라 감는 횟수를 조절합니다).

5 바늘을 위로 세워주세요.

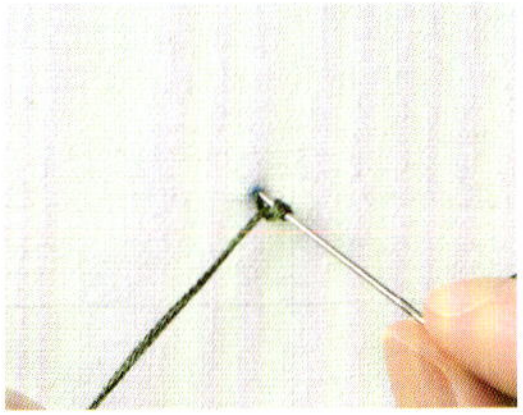

6 같은 땀 구멍으로 바늘을 찔러줍니다.

7 바늘을 세운 뒤 실을 당겨 조입니다.

8 바늘을 반만 밀어넣은 뒤, 힘있게 잡아 천천히 빼주세요.

9 프렌치 노트 스티치 완성!

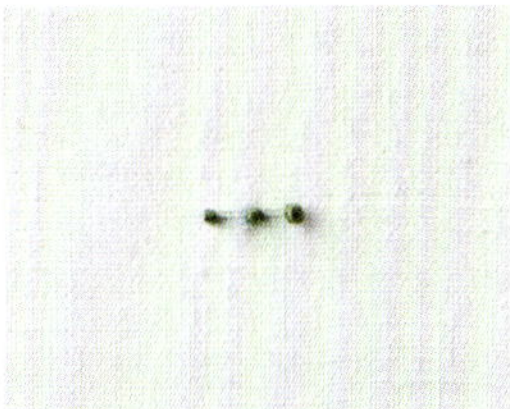

10 감는 횟수에 따라 크기가 달라집니다. (사진은 왼쪽에서부터 1회, 2회, 3회)

플라이 스티치

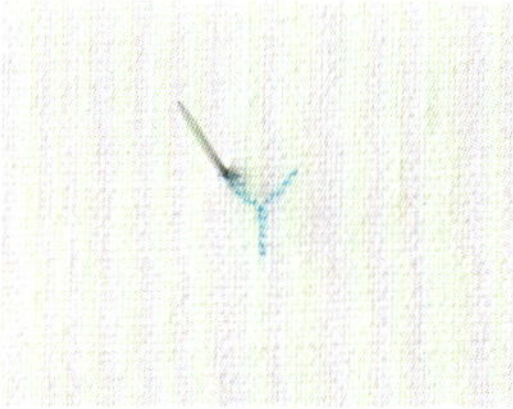

1 세 개의 꼭짓점이 있는 도안선에서 한쪽 꼭지점으로 올라옵니다.

2 실을 아래로 내리고 반대쪽 꼭짓점을 찔러 내려간 뒤,

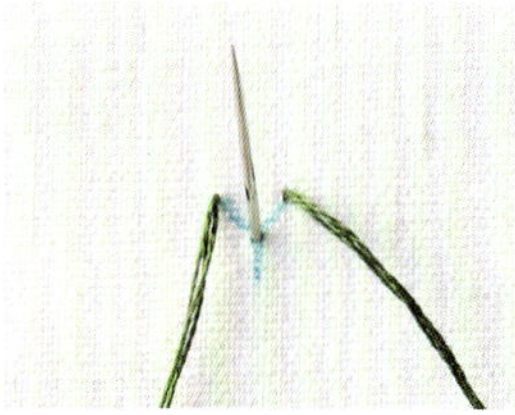

3 바로 이어서 가운뎃점으로 올라옵니다.

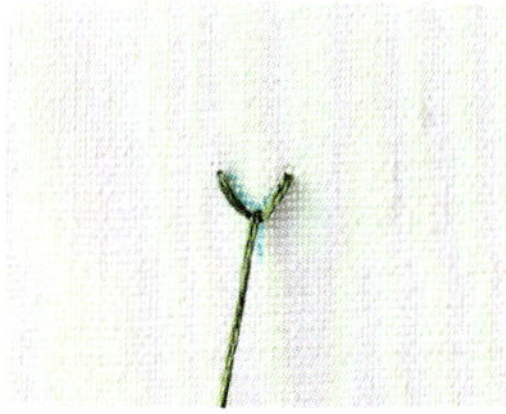

4 실을 끝까지 당겨 모양을 만들어주세요.

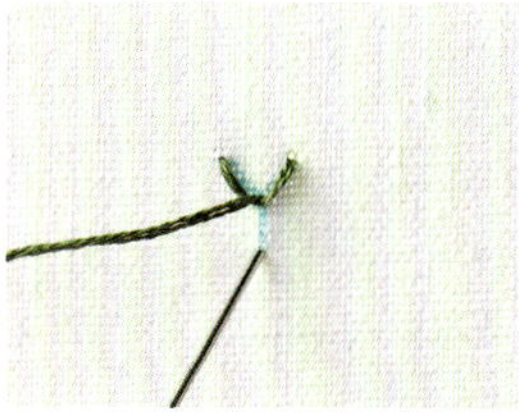

5 나머지 꼭짓점을 찔러 내려가 끝까지 당깁니다.

6 플라이 스티치 완성!

플랫 스티치

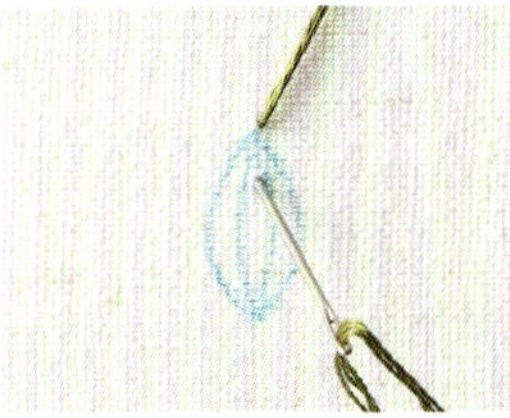

1 도안선 맨 위 꼭짓점에서 올라와 아래쪽으로 한 땀 수놓습니다.

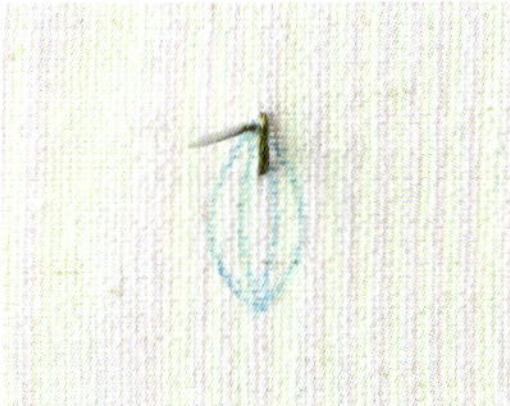

2 왼쪽 상단 바깥선에서 찔러 올라오세요.

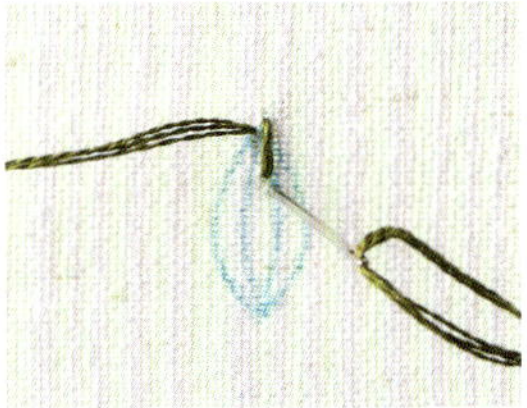

3 사선으로 안쪽 선에 찔러 내려갑니다.

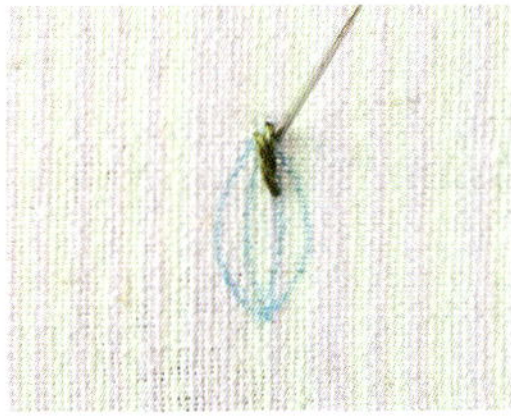

4 오른쪽 상단 바깥선에 찔러 올라오세요.

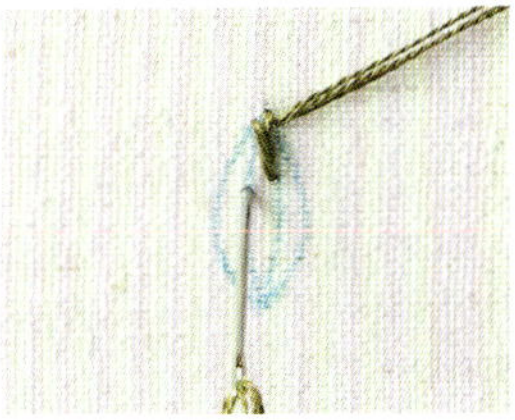

5 사선으로 조금 더 아래 안쪽 선으로 찔러 내려가세요.

6 다시 왼쪽 상단 바깥선에 찔러 올라옵니다.

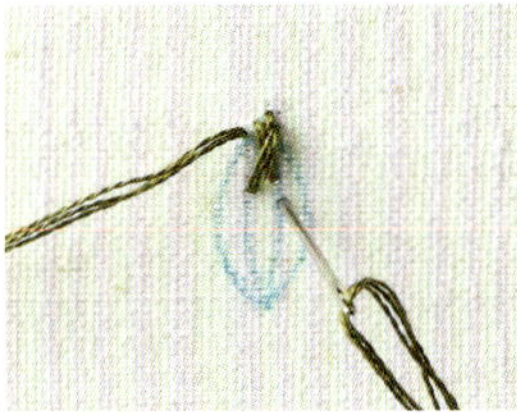

7 사선으로 조금 더 아래 안쪽 선에 찔러 내려갑니다.

8 다시 오른쪽 상단 바깥선에 찔러 올라오세요.

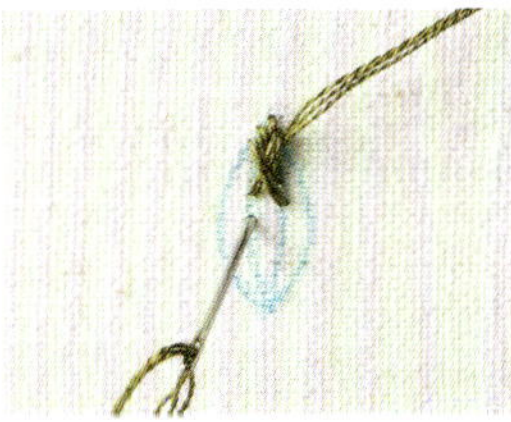

9 다시 사선으로 조금 더 아래 안쪽 선에 찔러 내려갑니다.

10 면적을 다 채울 때까지 앞의 과정을 반복해 수놓습니다.

11 면적을 다 채우면 찔러 내려가 마무리합니다.

12 플랫 스티치 완성!

실제 크기 도안

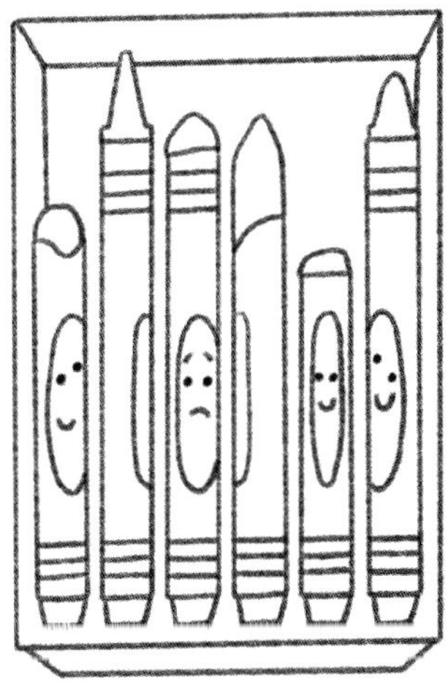

Thread

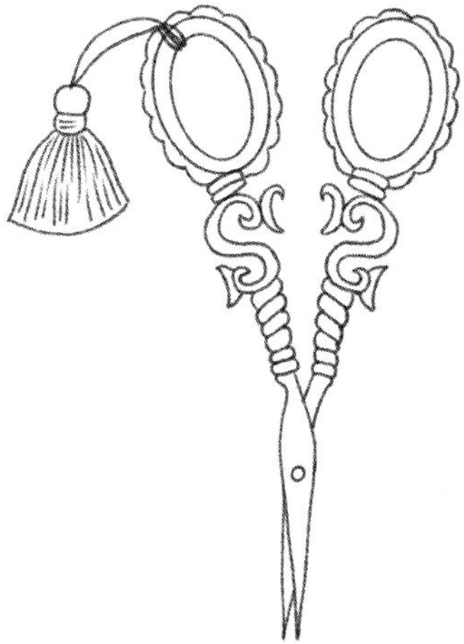

준비

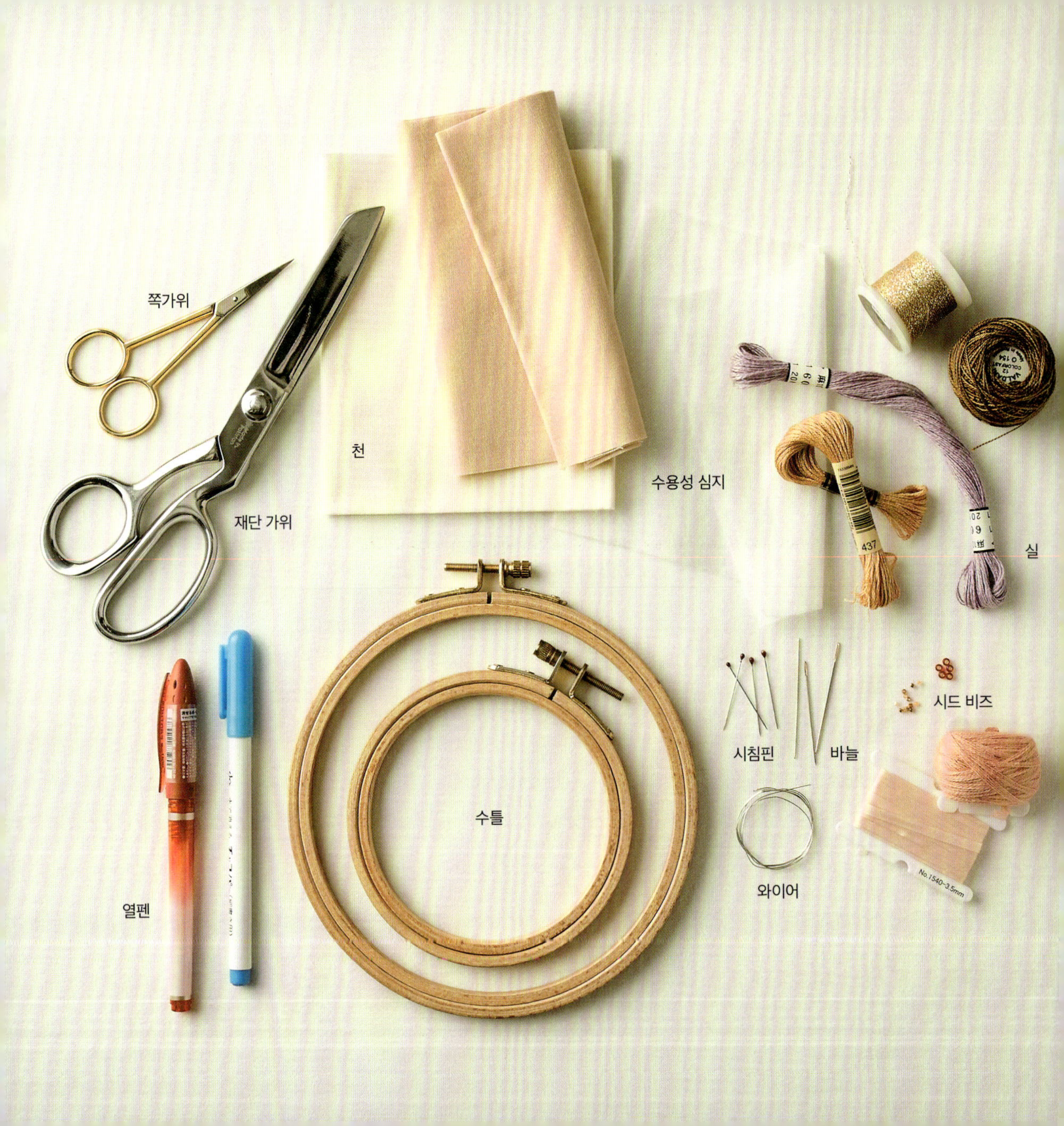

쪽가위
천
수용성 심지
재단 가위
실
시드 비즈
시침핀
바늘
수틀
와이어
열펜

준비물

쪽가위 실 재단 전용 가위. 실을 자를 때 혹은 마무리 매듭을 자를 때 사용합니다.

재단 가위 천 재단 전용 가위. 천이나 펠트지를 자를 때 사용합니다.

천 다양한 종류의 천을 사용하지만, 리넨이나 광목 소재가 수를 놓기 가장 적합합니다.

수용성 심지 물에 녹는 헝겊. 도안 위에 올린 뒤 열펜을 사용해 옮겨 그립니다. 물에 닿지 않게 주의합니다.

열펜 기화성 펜. 원단에 직접 또는 심지에 도안을 옮겨 그린 뒤 다리미나 드라이기의 열로 지워줍니다.

수틀 천을 잡아주는 고정 틀. 나사를 조여 천을 팽팽하게 고정시켜주며 손목을 보호해주는 역할을 합니다.

시침핀 바느질할 때 또는 심지를 고정할 때 사용합니다.

바늘 자수할 때 쓰는 바늘은 일반 바늘에 비해 바늘귀가 큽니다. 다양한 호수를 사용합니다.

와이어 입체 자수용 와이어. 책에서는 0.4mm 굵기의 와이어를 사용했습니다.

시드 비즈 작지만 입체감이 있어 작품의 포인트를 주는 데 쓰입니다.

실 작품을 수놓을 때 사용하는 실. 책에서는 다양한 질감과 굵기의 실을 사용했습니다.

1
2
3
4
5
6
7
8
9
10

자수실의 종류

1 DMC 메탈릭사 1가닥 꼬임으로, 얇고 은은한 펄감이 있습니다.

2 DMC 라이트 이펙트사 폴리 100%의 6가닥 꼬임으로, 펄감이 있습니다.

3 A.F.E사 손염색사의 리넨사로, 빳빳한 질감이 있습니다.

4 발다니사 손염색사의 펄코튼사로, 프랑스 자수 및 퀼팅 등 다양한 용도로 사용됩니다.

5 애플톤사 울 100%로 2가닥이 꼬여 있습니다. 수를 놓으면 볼륨감 있게 표현됩니다.

6 DMC 그라데이션사 6가닥이 꼬여 있으며, 4~5가지의 색이 섞여 있습니다.

7 DMC 에투알사 면과 금속 폴리 재질로 만들어져 부피감이 있고 반짝임이 표현됩니다.

8 DMC 25번사 보편적으로 가장 많이 사용하는 실입니다. 면 100%로 6가닥이 꼬여 있으며, 다양한 색이 있습니다.

9 로사울사 5가닥이 꼬여 있으며 보슬보슬하고 부피감이 있는 것이 특징입니다.

10 모쿠바 리본 자수사 리본 자수에서 가장 많이 쓰이는 실입니다. 아크릴 100%로 만들어져 쉽게 주름지지 않습니다.

실 준비하기

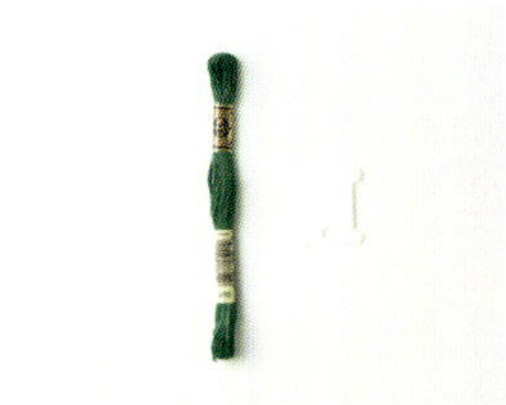

1 실과 보빈을 준비합니다.

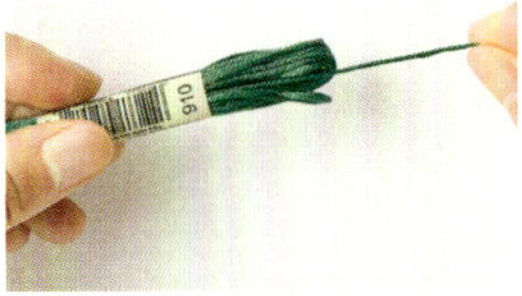

2 실 번호가 적힌 라벨 아래에 나와 있는 실 끝을 잡습니다.

3 실 끝을 보빈 하단의 구멍으로 넣어 반만 올립니다.

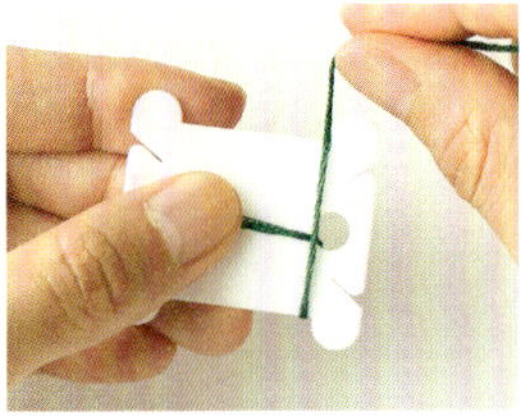

4 실 끝을 엄지손가락으로 눌러 고정한 채 실을 감습니다.

5 한쪽에만 뭉치지 않도록 균일하게 감습니다.

6 다 감고 난 뒤, 실 끝은 보빈의 모서리 부분에 끼워줍니다.

7 번호 스티커나 펜을 사용해 실 번호를 표기합니다.

실의 가닥 빼서 바늘 넣기

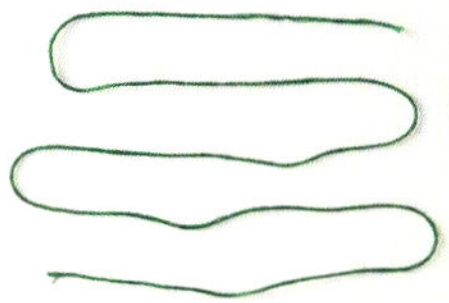

1 필요한 만큼의 실을 잘라 준비합니다.

2 실 끝을 손가락으로 비벼 가닥을 분리시킵니다.

3 한 가닥을 잡고 천천히 당겨 뺍니다.

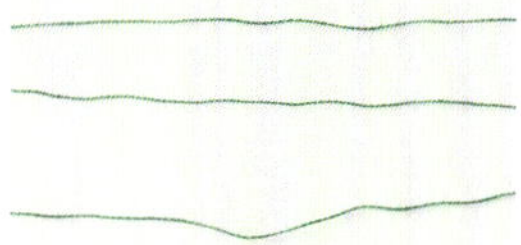

4 한 가닥씩 분리한 실을 필요한 만큼 다시 합칩니다.

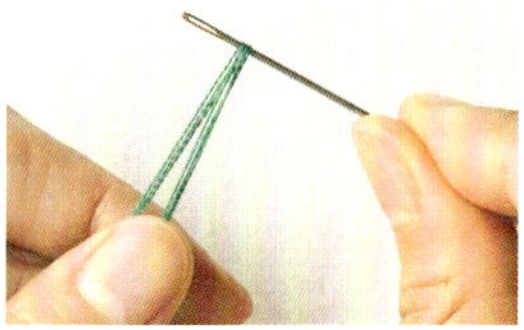

5 실을 바늘에 걸쳐 팽팽하게 당깁니다.

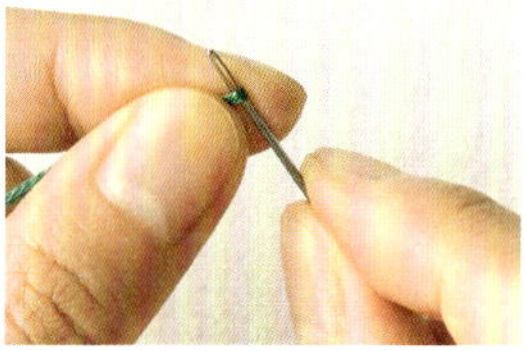

6 접힌 실을 손가락 끝으로 눌러 잡아 바늘 밖으로 빼낸 뒤,

7 접힌 채로 바늘귀에 밀어 넣습니다.

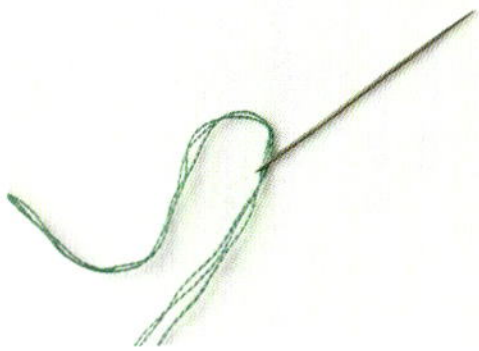

8 바늘귀에 실 넣기 성공!

실 매듭 짓기

1 실에 바늘을 꿴 채 사진과 같이 실의 한쪽 끝을 잡습니다.

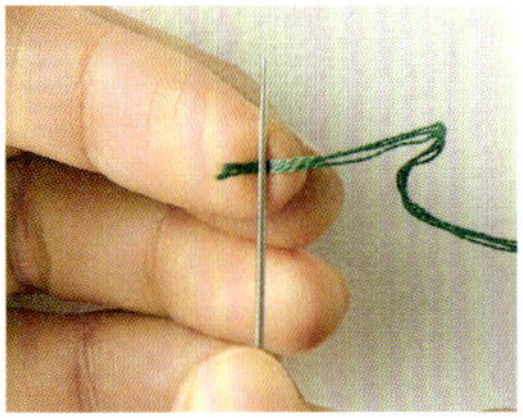

2 바늘 끝을 실 위에 올려줍니다.

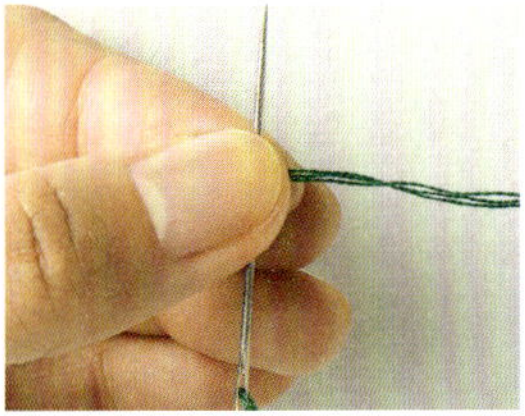

3 만나는 부분을 엄지로 눌러 잡습니다.

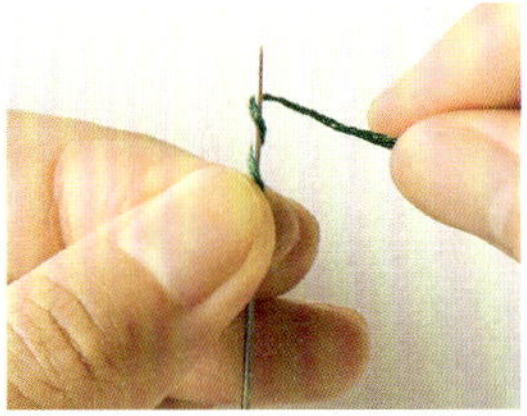

4 바늘에 실을 두 바퀴 감습니다.

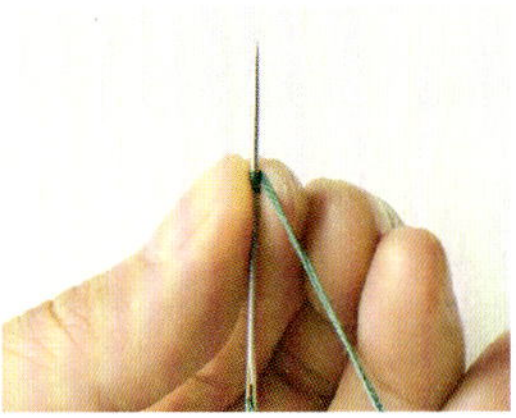

5 실을 내려 손가락 사이로 숨겨줍니다.

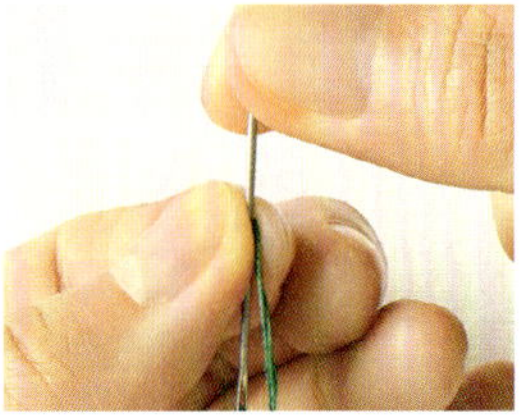

6 실을 눌러 잡은 동시에 바늘만 위로 올려서 뺍니다.

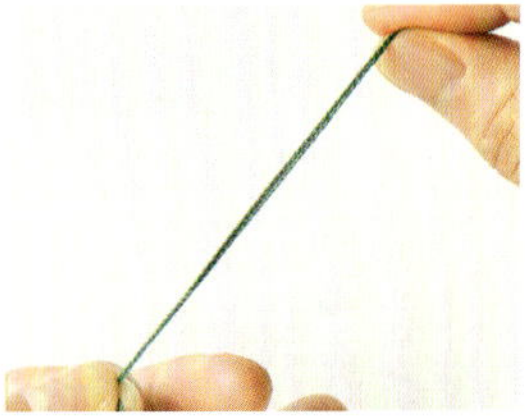

7 실을 끝까지 당깁니다.

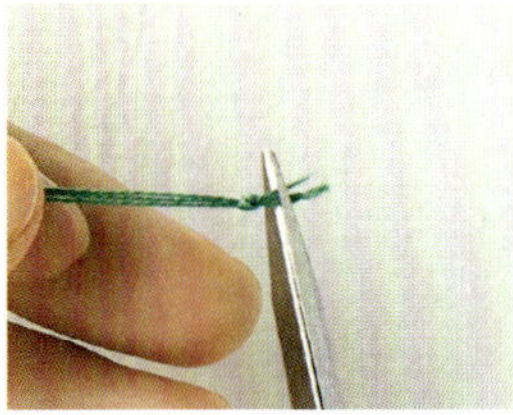

8 끝 부분은 2mm 정도 남기고 잘라 정돈합니다.

도안 옮기기

1 수용성 심지, 도안, 열펜을 준비합니다.

2 도안 위에 심지를 올립니다.

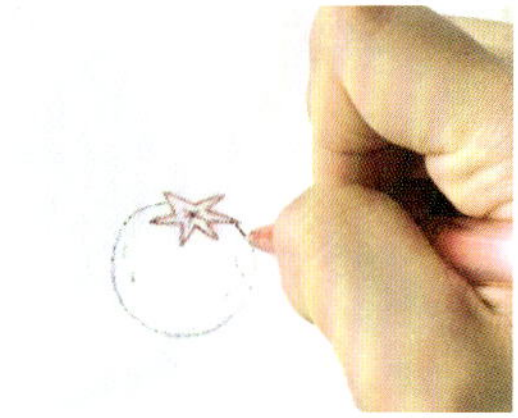

3 열펜으로 선을 따라 그립니다.

4 심지에 도안을 옮긴 모습.

5 수놓을 천 위에 도안을 옮긴 심지를 올립니다.

6 수틀에 천과 심지를 동시에 끼워 고정합니다.

마무리하기

1 실을 당긴 채 그 위에 바늘을 올립니다.

2 사진과 같이 감은 실 사이로 바늘을 통과시킵니다.

3 실을 양쪽으로 팽팽하게 잡아당겨 천과 맞닿게 조입니다.

4 천과 실이 맞닿은 부분을 누른 채 실을 끝까지 당깁니다.

5 매듭이 완성된 모습.

6 근처 실 밑으로 바늘을 통과해줍니다.

7 한 번 더 반복합니다.

8 끝 부분을 짧게 자릅니다.

9 깔끔하게 마무리된 모습!

Thread

멘티와 매일매일 자수 1
나의 작업실

1판1쇄 펴냄 2020년 10월 26일

지은이 류성아
사진 15studio 이현실

펴낸이 김경태
편집 홍경화 성준근 남슬기
디자인 김리영 / 박정영 김재현
마케팅 곽근호 전민영
펴낸곳 (주)출판사 클
출판등록 2012년 1월 5일 제311-2012-02호
주소 03385 서울시 은평구 연서로-26길 25-6
전화 070-4176-4680
팩스 02-354-4680
이메일 bookkl@bookkl.com
ISBN 979-11-90555-32-6 13630
이 도서의 국립중앙도서관 출판예정도서목록(CIP)은 서지정보유통지원시스템 홈페이지 (http://seoji.nl.go.kr)와 국가자료공동목록시스템(http://www.nl.go.kr/kolisnet)에서 이용하실 수 있습니다. (CIP제어번호: CIP2020043595)